| 새출제기준 |
| 2025 |

| 경록 ONLY 전문기획 인강교재 |

경록 새 일식복어 조리기능사

실기

임인숙 정문석 이경주

머리말

인간의 즐거움 중에 첫 번째가 먹는 즐거움이 행복 지수의 70% 이상 차지할 만큼 음식을 먹는다는 것은 얼마나 행복하고 즐거운 일인가? 라고 한다면 누구나 동의할 것입니다.

따라서 사람이 태어나서 살아 있는 한 죽는 날까지 먹는 일을 반복하게 됩니다. 그러므로 조리사의 할 일은 끝없이 많고도 중요합니다. 임무를 잘 수행하기 위해 서는 조리에 대한 특별한 기술과 참된 인성이 결합되어 수준 높은 음식을 만들어 내야만 합니다. 조리사는 소비자가 만족할 만한 음식을 만들어 제공해야만 하고 조리사의 역할이 국민 건강증진과 행복을 추구하는 참된 직업 중에 으뜸에 속한다고 필자는 감히 말씀드리고자 합니다.

이 책을 펴내면서 미래의 조리사와 창업을 준비하는 독자분들의 새벽의 등불이 되고자 합니다. 30년 이상 실무경력과 20년 이상 조리기능사 시험을 감독한 경험을 바탕으로 일식조리기능사 시험과제 19가지와 복어조리기능사 시험과제 4가지를 NCS 능력 단위별로 분류하고, 품목별로 재료의 준비과정부터 조리과정을 자세한 설명과 사진으로 정리하였습니다. 또한 국가 공개 문제 및 유의 사항을 수록하여 시험에 대비할 수 있도록 만들었으며, 시험에 출제될 수 있는 2가지 품목을 함께 조리할 때 시간을 절약하여 만들 수 있는 조리순서를 정리하여 2가지 품목을 시간 내에 제출할 수 있도록 하는 레시피를 정리하였습니다.

이 책을 이용하여 공부하시는 모든 수험자들의 합격을 기원합니다.

저자 일동

contents

- 머리말 • 3
- 일식·복어 조리기능사 출제기준(필기) • 6
- 일식·복어 조리기능사 출제기준(실기) • 12
- 수험자 유의사항/위생상태 및 안전관리 세부기준 안내 • 25
- 위생상태 및 안전관리에 대한 채점기준 안내 • 27
- 시험장 실기 준비물 • 28
- 곤부다시 끓이는 방법 • 30
- 가쓰오다시 끓이는 방법 • 31
- 야꾸미 만들기 • 32
- 채소 썰기 • 33
- 도미 손질 방법 • 36

무침 조리

갑오징어명란무침 • 42

국물 조리

도미머리맑은국 • 46

대합맑은국 • 50

된장국 • 54

조림 조리

도미조림 • 58

초회 조리

문어초회 • 62

해삼초회 • 67

밥 조리

소고기덮밥 • 72

면 조리

우동볶음 • 77

메밀국수 • 82

edukyungrok.com

복어조리기능사 요구사항 / 수험자 유의사항 • 134
복어조리기능사 재료 목록 / 제1과제 정답 • 135
복어 손질 • 136
복어조리기능사 전체 과정 • 163

핵심정리 핸드북(요점정리) • 164
합격비법 모의시험 • 170
일식조리기능사 기출문제 • 180
저자 프로필 • 186

구이 조리

삼치소금구이 • 87

소고기간장구이 • 92

전복버터구이 • 96

달걀말이 • 100

찜 조리

도미술찜 • 104

달걀찜 • 110

롤초밥 조리

생선초밥 • 116

참치김초밥 • 121

김초밥 • 126

복어 조리

복어껍질초회 • 148

복어죽 • 152

복어회 • 157

출제기준(필기)

일식조리기능사

직무 분야	음식서비스	중직무 분야	조리	자격 종목	일식조리기능사	적용 기간	2023.1.1.~2025.12.31.

○ 직무내용 : 일식메뉴 계획에 따라 식재료를 선정, 구매, 검수, 보관 및 저장하며 맛과 영양을 고려하여 안전하고 위생적으로 음식을 조리하고 조리기구와 시설관리를 수행하는 직무이다.

필기검정방법	객관식	문제수	60	시험시간	1시간

필기 과목명	출제 문제수	주요항목	세부항목	세세항목
일식 재료관리, 음식조리 및 위생관리	60	1 음식 위생관리	1. 개인 위생관리	1. 위생관리기준 2. 식품위생에 관련된 질병
			2. 식품 위생관리	1. 미생물의 종류와 특성 2. 식품과 기생충병 3. 살균 및 소독의 종류와 방법 4. 식품의 위생적 취급기준 5. 식품첨가물과 유해물질
			3. 작업장 위생관리	1. 작업장 위생 위해요소 2. 식품안전관리인증기준(HACCP) 3. 작업장 교차오염발생요소
			4. 식중독 관리	1. 세균성 및 바이러스성 식중독 2. 자연독 식중독 3. 화학적 식중독 4. 곰팡이 독소
			5. 식품위생 관계법규	1. 식품위생법령 및 관계법규 2. 농수산물 원산지 표시에 관한 법령 3. 식품 등의 표시·광고에 관한 법령
			6. 공중 보건	1. 공중보건의 개념 2. 환경위생 및 환경오염 관리 3. 역학 및 질병 관리 4. 산업보건관리

필기 과목명	출제 문제수	주요항목	세부항목	세세항목
		2 음식 안전관리	1. 개인 안전관리	1. 개인 안전사고 예방 및 사후 조치 2. 작업 안전관리
			2. 장비·도구 안전작업	1. 조리장비·도구 안전관리 지침
			3. 작업환경 안전관리	1. 작업장 환경관리 2. 작업장 안전관리 3. 화재예방 및 조치방법 4. 산업안전보건법 및 관련지침
		3 음식 재료관리	1. 식품재료의 성분	1. 수분 2. 탄수화물 3. 지질 4. 단백질 5. 무기질 6. 비타민 7. 식품의 색 8. 식품의 갈변 9. 식품의 맛과 냄새 10. 식품의 물성 11. 식품의 유독성분
			2. 효소	1. 식품과 효소
			3. 식품과 영양	1. 영양소의 기능 및 영양소 섭취기준
		4 음식 구매관리	1. 시장조사 및 구매관리	1. 시장조사 2. 식품구매관리 3. 식품재고관리
			2. 검수 관리	1. 식재료의 품질 확인 및 선별 2. 조리기구 및 설비 특성과 품질 확인 3. 검수를 위한 설비 및 장비 활용 방법
			3. 원가	1. 원가의 의의 및 종류 2. 원가분석 및 계산
		5 일식 기초조리실무	1. 조리 준비	1. 조리의 정의 및 기본 조리조작 2. 기본조리법 및 대량 조리기술 3. 기본 칼 기술 습득 4. 조리기구의 종류와 용도 5. 식재료 계량방법 6. 조리장의 시설 및 설비 관리

필기 과목명	출제 문제수	주요항목	세부항목	세세항목
			2. 식품의 조리원리	1. 농산물의 조리 및 가공·저장 2. 축산물의 조리 및 가공·저장 3. 수산물의 조리 및 가공·저장 4. 유지 및 유지 가공품 5. 냉동식품의 조리 6. 조미료와 향신료
			3. 식생활 문화	1. 일본 음식의 문화와 배경 2. 일본 음식의 분류 3. 일본 음식의 특징 및 용어
		6 일식 무침 조리	1. 무침 조리	1. 무침 재료 준비 2. 무침 조리 3. 무침 담기
		7 일식 국물 조리	1. 국물 조리	1. 국물 재료 준비 2. 국물 우려내기 3. 국물요리 조리
		8 일식 조림 조리	1. 조림 조리	1. 조림 재료 준비 2. 조림하기 3. 조림 담기
		9 일식 면류 조리	1. 면류 조리	1. 면 재료 준비 2. 면 조리 3. 면 담기
		10 일식 밥류 조리	1. 밥류 조리	1. 밥 짓기 2. 녹차 밥 조리 3. 덮밥류 조리 4. 죽류 조리
		11 일식 초회 조리	1. 초회 조리	1. 초회 재료 준비 2. 초회 조리 3. 초회 담기
		12 일식 찜 조리	1. 찜 조리	1. 찜 재료 준비 2. 찜 조리 3. 찜 담기
		13 일식 롤초밥 조리	1. 롤초밥 조리	1. 롤초밥 재료 준비 2. 롤양념초 조리 3. 롤초밥 조리 4. 롤초밥 담기
		14 일식 구이 조리	1. 구이 조리	1. 구이 재료 준비 2. 구이 조리 3. 구이 담기

복어조리기능사

출제기준(필기)

| 직무분야 | 음식서비스 | 중직무분야 | 조리 | 자격종목 | 복어조리기능사 | 적용기간 | 2023.1.1.~2025.12.31. |

○ 직무내용 : 복어조리메뉴 계획에 따라 식재료를 선정, 구매, 검수, 보관 및 저장하며 맛과 영양을 고려하여 안전하고 위생적으로 음식을 조리하고 조리기구와 시설관리를 수행하는 직무이다.

| 필기검정방법 | 객관식 | 문제수 | 60 | 시험시간 | 1시간 |

필기 과목명	출제문제수	주요항목	세부항목	세세항목
복어 재료관리, 음식조리 및 위생관리	60	1 음식 위생관리	1. 개인 위생관리	1. 위생관리기준 2. 식품위생에 관련된 질병
			2. 식품 위생관리	1. 미생물의 종류와 특성 2. 식품과 기생충병 3. 살균 및 소독의 종류와 방법 4. 식품의 위생적 취급기준 5. 식품첨가물과 유해물질
			3. 작업장 위생관리	1. 작업장 위생 위해요소 2. 식품안전관리인증기준 (HACCP) 3. 작업장 교차오염발생요소
			4. 식중독 관리	1. 세균성 및 바이러스성 식중독 2. 자연독 식중독 3. 화학적 식중독 4. 곰팡이 독소
			5. 식품위생 관계 법규	1. 식품위생법령 및 관계법규 2. 농수산물 원산지 표시에 관한 법령 3. 식품 등의 표시·광고에 관한 법령
			6. 공중 보건	1. 공중보건의 개념 2. 환경위생 및 환경오염 관리 3. 역학 및 질병 관리 4. 산업보건관리

필기 과목명	출제 문제수	주요항목	세부항목	세세항목
		2 음식 안전관리	1. 개인 안전관리	1. 개인 안전사고 예방 및 사후 조치 2. 작업 안전관리
			2. 장비·도구 안전작업	1. 조리장비·도구 안전관리 지침
			3. 작업환경 안전관리	1. 작업장 환경관리 2. 작업장 안전관리 3. 화재예방 및 조치방법 4. 산업안전보건법 및 관련지침
		3 음식 재료관리	1. 식품재료의 성분	1. 수분 2. 탄수화물 3. 지질 4. 단백질 5. 무기질 6. 비타민 7. 식품의 색 8. 식품의 갈변 9. 식품의 맛과 냄새 10. 식품의 물성 11. 식품의 유독성분
			2. 효소	1. 식품과 효소
			3. 식품과 영양	1. 영양소의 기능 및 영양소 섭취기준
		4 음식 구매관리	1. 시장조사 및 구매관리	1. 시장조사 2. 식품구매관리 3. 식품재고관리
			2. 검수 관리	1. 식재료의 품질 확인 및 선별 2. 조리기구 및 설비 특성과 품질 확인 3. 검수를 위한 설비 및 장비 활용 방법
			3. 원가	1. 원가의 의의 및 종류 2. 원가분석 및 계산
		5 복어 기초 조리실무	1. 조리 준비	1. 조리의 정의 및 기본 조리조작 2. 기본조리법 및 대량 조리기술 3. 기본 칼 기술 습득 4. 조리기구의 종류와 용도 5. 식재료 계량방법 6. 조리장의 시설 및 설비 관리

필기 과목명	출제 문제수	주요항목	세부항목	세세항목
			2. 식품의 조리원리	1. 농산물의 조리 및 가공·저장 2. 축산물의 조리 및 가공·저장 3. 수산물의 조리 및 가공·저장 4. 유지 및 유지 가공품 5. 냉동식품의 조리 6. 조미료와 향신료
			3. 식생활 문화	1. 복어 음식의 문화와 배경 2. 복어 음식의 분류 3. 복어 음식의 특징 및 용어
		6 복어 부재료 손질	1. 복어와 부재료손질	1. 복어 종류와 품질 판정법 2. 채소 손질 3. 복떡 굽기
		7 복어 양념장 준비	1. 복어 양념장 준비	1. 초간장 만들기 2. 양념 만들기 3. 조리별 양념장 만들기
		8 복어 껍질초회 조리	1. 복어 껍질초회 조리	1. 복어껍질 준비 2. 복어초회 양념 만들기 3. 복어껍질 무치기
		9 복어 죽 조리	1. 복어 죽 조리	1. 복어 맛국물 준비 2. 복어 죽 재료 준비 3. 복어 죽 끓여서 완성
		10 복어 튀김 조리	1. 복어 튀김 조리	1. 복어 튀김 재료 준비 2. 복어 튀김옷 준비 3. 복어 튀김 조리 완성
		11 복어회 국화모양 조리	1. 복어회 국화모양 조리	1. 복어 살 전처리 작업 2. 복어 회뜨기 3. 복어 회 국화모양 접시에 담기
		12 복어 선별손질관리	1. 복어 선별·손질관리	1. 복어 기초 손질하기 2. 복어 식용 부위 손질하기 3. 복어 제독 처리하기 4. 복어 껍질 작업하기 5. 복어 독성부위 폐기하기

출제기준(실기)

직무 분야	음식서비스	중직무 분야	조리	자격 종목	일식조리기능사	적용 기간	2023.1.1.~2025.12.31.

○ 직무내용 : 일식메뉴 계획에 따라 식재료를 선정, 구매, 검수, 보관 및 저장하며 맛과 영양을 고려하여 안전하고 위생적으로 음식을 조리하고 조리기구와 시설관리를 수행하는 직무이다.
○ 수행준거 :
　1. 위생관련 지식을 이해하고 개인위생·식품위생을 관리하고 전반적인 조리작업을 위생적으로 할 수 있다.
　2. 일식 기초조리작업 수행에 필요한 칼 다루기, 조리방법 등 기본적 지식을 이해하고 기능을 익혀 조리업무에 활용할 수 있다.
　3. 준비된 식재료에 따라 다양한 양념을 첨가하여 용도에 맞춰 무쳐낼 수 있다.
　4. 준비된 맛국물에 주재료를 사용하여 맛과 향을 중요시하게 조리할 수 있다.
　5. 다양한 식재료를 이용하여 조림을 할 수 있다.
　6. 면 재료를 이용하여 양념, 국물과 함께 제공하여 조리할 수 있다.
　7. 식사로 사용되는 밥 짓기, 녹차 밥, 덮밥류, 죽류를 조리할 수 있다.
　8. 손질한 식재료를 혼합초를 이용하여 초회를 조리할 수 있다.

실기검정방법	작업형	시험시간	1시간 정도

실기 과목명	주요항목	세부항목	세세항목
일식 조리 실무	1 음식 위생관리	1. 개인위생 관리하기	1. 위생관리기준에 따라 조리복, 조리모, 앞치마, 조리안전화 등을 착용할 수 있다. 2. 두발, 손톱, 손 등 신체 청결을 유지하고 작업수행 시 위생습관을 준수할 수 있다. 3. 근무 중의 흡연, 음주, 취식 등에 대한 작업장 근무수칙을 준수할 수 있다. 4. 위생관련법규에 따라 질병, 건강검진 등 건강상태를 관리하고 보고할 수 있다.

실기 과목명	주요항목	세부항목	세세항목
		2. 식품위생 관리하기	1. 식품의 유통기한·품질 기준을 확인하여 위생적인 선택을 할 수 있다. 2. 채소·과일의 농약 사용여부와 유해성을 인식하고 세척할 수 있다. 3. 식품의 위생적 취급기준을 준수할 수 있다. 4. 식품의 반입부터 저장, 조리과정에서 유독성, 유해물질의 혼입을 방지할 수 있다.
		3. 주방위생 관리하기	1. 주방 내에서 교차오염 방지를 위해 조리생산 단계별 작업공간을 구분하여 사용할 수 있다. 2. 주방위생에 있어 위해요소를 파악하고, 예방할 수 있다. 3. 주방, 시설 및 도구의 세척, 살균, 해충·해서 방제 작업을 정기적으로 수행할 수 있다. 4. 시설 및 도구의 노후상태나 위생상태를 점검하고 관리할 수 있다. 5. 식품이 조리되어 섭취되는 전 과정의 주방 위생 상태를 점검하고 관리할 수 있다. 6. HACCP적용업장의 경우 HACCP관리기준에 의해 관리할 수 있다.
	2 음식 안전관리	1. 개인안전 관리하기	1. 안전관리 지침서에 따라 개인 안전관리 점검표를 작성할 수 있다. 2. 개인안전사고 예방을 위해 도구 및 장비의 정리정돈을 상시 할 수 있다. 3. 주방에서 발생하는 개인 안전사고의 유형을 숙지하고 예방을 위한 안전수칙을 지킬 수 있다. 4. 주방 내 필요한 구급품이 적정 수량 비치되었는지 확인하고 개인안전 보호장비를 정확하게 착용하여 작업할 수 있다. 5. 개인이 사용하는 칼에 대해 사용안전, 이동안전, 보관안전을 수행할 수 있다. 6. 개인의 화상사고, 낙상사고, 근육팽창과 골절사고, 절단사고, 전기기구에 인한 전기 쇼크 사고, 화재사고와 같은 사고 예방을 위해 주의사항을 숙지하고 실천할 수 있다. 7. 개인 안전사고 발생 시 신속 정확한 응급조치를 실시하고 재발 방지 조치를 실행할 수 있다.

실기 과목명	주요항목	세부항목	세세항목
		2. 장비·도구 안전작업 하기	1. 조리장비·도구에 대한 종류별 사용방법에 대해 주의사항을 숙지할 수 있다. 2. 조리장비·도구를 사용 전 이상 유무를 점검할 수 있다. 3. 안전장비류 취급 시 주의사항을 숙지하고 실천할 수 있다. 4. 조리장비·도구를 사용 후 전원을 차단하고 안전수칙을 지키며 분해하여 청소할 수 있다. 5. 무리한 조리장비·도구 취급은 금하고 사용 후 일정한 장소에 보관하고 점검할 수 있다. 6. 모든 조리장비·도구는 반드시 목적 이외의 용도로 사용하지 않고 규격품을 사용할 수 있다.
		3. 작업환경 안전관리 하기	1. 작업환경 안전관리 시 작업환경 안전관리 지침서를 작성할 수 있다. 2. 작업환경 안전관리 시 작업장 주변 정리정돈 등을 관리 점검할 수 있다. 3. 작업환경 안전관리 시 제품을 제조하는 작업장 및 매장의 온·습도관리를 통하여 안전사고요소 등을 제거할 수 있다. 4. 작업장 내의 적정한 수준의 조명과 환기, 이물질, 미끄럼 및 오염을 방지할 수 있다. 5. 작업환경에서 필요한 안전관리시설 및 안전용품을 파악하고 관리할 수 있다. 6. 작업환경에서 화재의 원인이 될 수 있는 곳을 자주 점검하고 화재진압기를 배치하고 사용할 수 있다. 7. 작업환경에서의 유해, 위험, 화학물질을 처리기준에 따라 관리할 수 있다. 8. 법적으로 선임된 안전관리책임자가 정기적으로 안전교육을 실시하고 이에 참여할 수 있다.
	3 일식 기초 조리 실무	1. 기본 칼 기술 습득하기	1. 칼의 종류와 사용 용도를 이해할 수 있다. 2. 기본 썰기 방법을 습득할 수 있다. 3. 조리목적에 맞게 식재료를 썰 수 있다. 4. 칼을 연마하고 관리할 수 있다.

실기 과목명	주요항목	세부항목	세세항목
		2. 기본 기능 습득하기	1. 일식 기본양념에 대한 지식을 설명할 수 있다. 2. 일식 곁들임에 대한 지식을 이해하고 습득할 수 있다. 3. 일식 기본 맛국물 조리에 대한 지식을 이해하고 습득할 수 있다. 4. 일식 기본 재료에 대한 지식을 이해하고 습득할 수 있다.
		3. 기본 조리방법 습득하기	1. 일식 조리도구의 종류 및 용도에 대하여 이해하고 습득할 수 있다. 2. 계량방법을 습득할 수 있다. 3. 일식 기본 조리법에 대한 지식을 이해하고 습득할 수 있다. 4. 조리 업무 전과 후의 상태를 점검할 수 있다.
	4 일식 무침 조리	1. 무침 재료 준비하기	1. 식재료를 기초손질 할 수 있다 2. 무침양념을 준비할 수 있다. 3. 곁들임 재료를 준비할 수 있다.
		2. 무침 조리하기	1. 소재료를 전처리 할 수 있다. 2. 무침양념을 사용할 수 있다. 3. 소재료와 무침양념을 용도에 맞게 무쳐낼 수 있다.
		3. 무침담기	1. 용도에 맞는 기물을 선택할 수 있다. 2. 제공 직전에 무쳐낼 수 있다. 3. 석상에 맞게 담아낼 수 있다.
	5 일식 국물 조리	1. 국물 재료 준비하기	1. 주재료를 손질하고 다듬을 수 있다. 2. 부재료를 손질할 수 있다. 3. 향미재료를 손질할 수 있다.
		2. 국물 우려내기	1. 물의 온도에 따라 국물 재료를 넣는 시점을 조절할 수 있다. 2. 국물 재료의 종류에 따라 불의 세기를 조절할 수 있다. 3. 국물 재료의 종류에 따라 우려내는 시간을 조절할 수 있다.
		3. 국물요리 조리하기	1. 맛국물을 조리할 수 있다. 2. 주재료와 부재료를 조리할 수 있다. 3. 향미재료를 첨가 하여 국물요리를 완성할 수 있다.

실기 과목명	주요항목	세부항목	세세항목
	6 일식 조림 조리	1. 조림 재료 준비하기	1. 생선, 어패류, 육류를 재료의 특성에 맞게 손질할 수 있다. 2. 두부, 채소, 버섯류를 재료의 특성에 맞게 손질할 수 있다. 3. 메뉴에 따라 양념장을 준비할 수 있다.
		2. 조림 조리하기	1. 재료에 따라 조림 양념을 만들 수 있다. 2. 식재료의 종류에 따라 불의 세기와 시간을 조절할 수 있다. 3. 재료의 색상과 윤기가 살아나도록 조릴 수 있다.
		3. 조림 담기	1. 조림의 특성에 따라 기물을 선택할 수 있다. 2. 재료의 형태를 유지할 수 있다. 3. 곁들임을 첨가하여 담아낼 수 있다.
	7 일식 면류 조리	1. 면 재료 준비하기	1. 면류의 식재료를 용도에 맞게 손질할 수 있다. 2. 면 요리에 맞는 부재료와 양념을 준비할 수 있다. 3. 면 요리의 구성에 맞는 기물을 준비할 수 있다.
		2. 면 국물 조리하기	1. 면 요리의 종류에 맞게 맛국물을 조리할 수 있다. 2. 주재료와 부재료를 조리할 수 있다. 3. 향미재료를 첨가하여 면 국물 조리를 완성할 수 있다.
		3. 면 조리하기	1. 면 요리의 종류에 맞게 맛국물을 준비할 수 있다. 2. 부재료는 양념하거나 익혀서 준비할 수 있다. 3. 면을 용도에 맞게 삶아서 준비할 수 있다.
		4. 면 담기	1. 면 요리의 종류에 따라 그릇을 선택할 수 있다. 2. 양념을 담아낼 수 있다. 3. 맛국물을 담아낼 수 있다.
	8 일식 밥류 조리	1. 밥 짓기	1. 쌀을 씻어 불릴 수 있다. 2. 조리법(밥, 죽)에 맞게 물을 조절할 수 있다. 3. 밥을 지어 뜸들이기를 할 수 있다.
		2. (녹차) 밥 조리하기	1. 맛국물을 낼 수 있다. 2. 메뉴에 맞게 기물선택을 할 수 있다. 3. 밥에 맛국물을 넣고 고명을 선택할 수 있다.
		3. 덮밥 소스 조리하기	1. 덮밥용 맛국물을 만들 수 있다. 2. 덮밥용 양념간장을 만들 수 있다. 3. 덮밥 재료에 따른 소스를 조리하여 덮밥을 만들 수 있다.

실기 과목명	주요항목	세부항목	세세항목
		4. 덮밥류 조리하기	1. 덮밥의 재료를 용도에 맞게 손질할 수 있다. 2. 맛국물에 튀기거나 익힌 재료를 넣고 조리할 수 있다. 3. 밥 위에 조리된 재료를 놓고 고명을 곁들일 수 있다.
		5. 죽류 조리하기	1. 맛국물을 낼 수 있다. 2. 용도(쌀, 밥)에 맞게 주재료를 조리할 수 있다. 3. 주재료와 부재료를 사용하여 죽을 조리할 수 있다.
	9 일식 초회 조리	1. 초회 재료 준비하기	1. 식재료를 기초손질 할 수 있다. 2. 혼합초 재료를 준비할 수 있다. 3. 곁들임 양념을 준비할 수 있다.
		2. 초회 조리하기	1. 식재료를 전처리 할 수 있다. 2. 혼합초를 만들 수 있다. 3. 식재료와 혼합초의 비율을 용도에 맞게 조리할 수 있다.
		3. 초회 담기	1. 용도에 맞는 기물을 선택할 수 있다. 2. 제공 직전에 무쳐낼 수 있다. 3. 색상에 맞게 담아낼 수 있다.
	10 일식 찜 조리	1. 찜 재료 준비하기	1. 메뉴에 따라 재료의 특성을 살려 손질할 수 있다. 2. 고명, 부재료, 향신료를 조리법에 맞추어 손질할 수 있다. 3. 양념 재료를 준비할 수 있다.
		2. 찜 소스 조리하기	1. 메뉴에 따라 재료의 특성을 살려 맛국물을 준비할 수 있다. 2. 찜 소스를 찜의 종류와 특성에 따라 조리법에 맞추어 조리할 수 있다. 3. 첨가되는 찜 소스의 양을 조절하여 조리할 수 있다.
		3. 찜 조리하기	1. 찜통을 준비할 수 있다. 2. 찜 양념을 만들 수 있다. 3. 식재료의 종류에 따라 불의 세기와 시간을 조절할 수 있다. 4. 재료에 따라 찜 조리를 할 수 있다.
		4. 찜 담기	1. 찜의 특성에 따라 기물을 선택할 수 있다. 2. 재료의 형태를 유지할 수 있다. 3. 곁들임을 첨가하여 완성할 수 있다.

실기 과목명	주요항목	세부항목	세세항목
	11 일식 롤초밥 조리	1. 롤초밥 재료 준비하기	1. 초밥용 밥을 준비할 수 있다. 2. 롤초밥의 용도에 맞는 재료를 준비할 수 있다. 3. 고추냉이(가루, 생)와 부재료를 준비할 수 있다.
		2. 롤 양념초 조리하기	1. 초밥용 배합초의 재료를 준비할 수 있다. 2. 초밥용 배합초를 조리할 수 있다. 3. 용도에 맞게 다양한 배합초를 준비된 밥에 뿌릴 수 있다.
		3. 롤초밥 조리하기	1. 롤초밥의 모양과 양을 조절할 수 있다. 2. 신속한 동작으로 만들 수 있다.. 3. 용도에 맞게 다양한 롤초밥을 만들 수 있다.
		4. 롤초밥 담기	1. 롤초밥의 종류와 양에 따른 기물을 선택할 수 있다. 2. 롤초밥을 구성에 맞게 담을 수 있다. 3. 롤초밥에 곁들임을 첨가할 수 있다. 4. 롤초밥에 대나무 잎 등을 잘라 장식할 수 있다.
	12 일식 구이 조리	1. 구이 재료 준비하기	1. 식재료를 용도에 맞게 손질할 수 있다. 2. 식재료에 맞는 양념을 준비할 수 있다. 3. 구이 용도에 맞는 기물을 준비할 수 있다.
		2. 구이 조리하기	1. 식재료의 특성에 따라 구이 방법을 선택할 수 있다. 2. 불의 강약을 조절하여 구워낼 수 있다. 3. 재료의 형태가 부서지지 않도록 구울 수 있다.
		3. 구이 담기	1. 모양과 형태에 맞게 담아낼 수 있다. 2. 양념을 준비하여 담아낼 수 있다. 3. 구이 종류의 특성에 따라 곁들임을 함께 제공할 수 있다.

출제기준(실기)

복어조리기능사

| 직무분야 | 음식서비스 | 중직무분야 | 조리 | 자격종목 | 복어조리기능사 | 적용기간 | 2023.1.1.~2025.12.31. |

○ 직무내용 : 복어조리메뉴 계획에 따라 식재료를 선정, 구매, 검수, 보관 및 저장하며 맛과 영양을 고려하여 안전하고 위생적으로 음식을 조리하고 조리기구와 시설관리를 수행하는 직무이다.

○ 수행준거 :
1. 위생관련지식을 이해하고 개인위생·식품위생을 관리하고 전반적인 조리작업을 위생적으로 할 수 있다.
2. 복어 기초조리작업 수행에 필요한 칼 다루기, 조리 방법 등 기본적 지식을 이해하고 기능을 익혀 조리업무에 활용할 수 있다.
3. 주방에서 일어날 수 있는 사고와 재해에 대하여 안전수칙준수, 안전예방 등을 할 수 있다.
4. 복어조리 작업 수행에 필요한 재료를 저장, 재고관리 등 재료를 효율적으로 관리할 수 있다.
5. 다양한 채소류, 복떡과 곁들임 재료를 손질할 수 있다.
6. 초간장, 양념, 조리별 양념장을 용도에 맞게 만들 수 있다.
7. 채 썬 껍질을 초간장에 무쳐낼 수 있다.
8. 준비된 맛국물에 주재료를 사용하여 맛과 향을 중요시하게 조리할 수 있다.
9. 복어살을 전처리하여 얇게 포를 떠서 국화 모양으로 그릇에 담을 수 있다.

| 실기검정방법 | 작업형 | 시험시간 | 60분 정도 |

실기 과목명	주요항목	세부항목	세세항목
복어 조리 실무	1 음식 위생관리	1. 개인 위생관리하기	1. 위생관리기준에 따라 조리복, 조리모, 앞치마, 조리안전화 등을 착용할 수 있다 2. 두발, 손톱, 손 등 신체청결을 유지하고 작업수행 시 위생습관을 준수할 수 있다. 3. 근무 중의 흡연, 음주, 취식 등에 대한 작업장 근무수칙을 준수할 수 있다. 4. 위생관련법규에 따라 질병, 건강검진 등 건강상태를 관리하고 보고할 수 있다.

실기 과목명	주요항목	세부항목	세세항목
		2. 식품위생 관리하기	1. 식품의 유통기한·품질 기준을 확인하여 위생적인 선택을 할 수 있다. 2. 채소·과일의 농약 사용여부와 유해성을 인식하고 세척할 수 있다. 3. 식품의 위생적 취급기준을 준수할 수 있다. 4. 식품의 반입부터 저장, 조리과정에서 유독성, 유해물질의 혼입을 방지할 수 있다.
		3. 주방위생 관리하기	1. 주방 내에서 교차오염 방지를 위해 조리생산 단계별 작업공간을 구분하여 사용할 수 있다. 2. 주방위생에 있어 위해요소를 파악하고, 예방할 수 있다. 3. 주방, 시설 및 도구의 세척, 살균, 해충·해서 방제 작업을 정기적으로 수행할 수 있다. 4. 시설 및 도구의 노후상태나 위생상태를 점검하고 관리할 수 있다. 5. 식품이 조리되어 섭취되는 전 과정의 주방 위생 상태를 점검하고 관리할 수 있다. 6. HACCP적용업장의 경우 HACCP관리기준에 의해 관리할 수 있다.
	2 음식 안전관리	1. 개인 안전관리하기	1. 안전관리 지침서에 따라 개인 안전관리 점검표를 작성할 수 있다. 2. 개인안전사고 예방을 위해 도구 및 장비의 정리정돈을 상시 할 수 있다. 3. 주방에서 발생하는 개인 안전사고의 유형을 숙지하고 예방을 위한 안전수칙을 지킬 수 있다. 4. 주방 내 필요한 구급품이 적정 수량 비치되었는지 확인하고 개인 안전보호장비를 정확하게 착용하여 작업할 수 있다. 5. 개인이 사용하는 칼에 대해 사용안전, 이동안전, 보관안전을 수행할 수 있다. 6. 개인의 화상사고, 낙상사고, 근육팽창과 골절사고, 절단사고, 전기기구에 인한 전기 쇼크 사고, 화재사고와 같은 사고 예방을 위해 주의사항을 숙지하고 실천할 수 있다. 7. 개인 안전사고 발생 시 신속 정확한 응급조치를 실시하고 재발 방지조치를 실행할 수 있다.

실기 과목명	주요항목	세부항목	세세항목
		2. 장비·도구 안전작업 하기	1. 조리장비·도구에 대한 종류별 사용방법에 대해 주의사항을 숙지할 수 있다. 2. 조리장비·도구를 사용 전 이상 유무를 점검할 수 있다. 3. 안전장비류 취급 시 주의사항을 숙지하고 실천할 수 있다. 4. 조리장비·도구를 사용 후 전원을 차단하고 안전수칙을 지키며 분해하여 청소할 수 있다. 5. 무리한 조리장비·도구 취급은 금하고 사용 후 일정한 장소에 보관하고 점검할 수 있다. 6. 모든 조리장비·도구는 반드시 목적 이외의 용도로 사용하지 않고 규격품을 사용할 수 있다.
		3. 작업환경 안전관리 하기	1. 작업환경 안전관리 시 작업환경 안전관리 지침서를 작성할 수 있다. 2. 작업환경 안전관리 시 작업장 주변 정리정돈 등을 관리 점검할 수 있다. 3. 작업환경 안전관리 시 제품을 제조하는 작업장 및 매장의 온·습도관리를 통하여 안전사고요소 등을 제거할 수 있다. 4. 작업장 내의 적정한 수준의 조명과 환기, 이물질, 미끄럼 및 오염을 방지할 수 있다. 5. 작업환경에서 필요한 안전관리시설 및 안전용품을 파악하고 관리할 수 있다. 6. 작업환경에서 화재의 원인이 될 수 있는 곳을 자주 점검하고 화재진압기를 배치하고 사용할 수 있다. 7. 작업환경에서의 유해, 위험 화학물질을 처리기준에 따라 관리할 수 있다 8. 법적으로 선임된 안전관리책임자가 정기적으로 안전교육을 실시하고 이에 참여할 수 있다.
	3 복어 기초 조리 실무	1. 기본 칼 기술 습득하기	1. 칼의 종류와 사용 용도를 이해할 수 있다. 2. 기본 썰기 방법을 습득할 수 있다. 3. 조리목적에 맞게 식재료를 썰 수 있다. 4. 칼을 연마하고 관리할 수 있다.

실기 과목명	주요항목	세부항목	세세항목
		2. 기본 기능 습득하기	1. 복어 기본양념에 대한 지식을 설명할 수 있다. 2. 복어 곁들임에 대한 지식을 이해하고 습득할 수 있다. 3. 복어 기본 맛국물 조리에 대한 지식을 이해하고 습득할 수 있다. 4. 복어 기본 재료에 대한 지식을 이해하고 습득할 수 있다.
		3. 기본 조리법 습득하기	1. 복어 조리도구의 종류 및 용도에 대하여 이해하고 습득할 수 있다. 2. 계량방법을 습득할 수 있다. 3. 복어 기본 조리법에 대한 지식을 이해하고 습득할 수 있다. 4. 조리 업무 전과 후의 상태를 점검할 수 있다.
	4 복어 부재료 손질	1. 채소 손질하기	1. 채소를 용도별로 구분할 수 있다. 2. 채소를 용도별로 손질할 수 있다. 3. 채소를 신선하게 보관할 수 있다.
		2. 복떡 굽기	1. 복떡을 용도에 맞게 전처리 할 수 있다. 2. 복떡을 쇠꼬챙이에 꿸 수 있다. 3. 복떡을 타지 않게 구울 수 있다.
	5 복어 양념장 준비	1. 초간장 만들기	1. 초간장 제조에 필요한 재료를 준비할 수 있다. 2. 재료를 비율에 맞게 혼합하여 초간장을 만들 수 있다. 3. 초간장을 용도에 맞게 숙성시킬 수 있다.
		2. 양념 만들기	1. 양념 제조에 필요한 재료를 준비할 수 있다. 2. 양념 구성 재료를 용도에 맞게 손질할 수 있다. 3. 양념 구성 재료를 이용하여 양념을 만들 수 있다.
		3. 조리별 양념장 만들기	1. 조리별 양념장 제조에 필요한 재료를 준비할 수 있다. 2. 조리별 양념장 재료를 용도에 맞게 손질할 수 있다. 3. 재료를 이용하여 조리별 양념장을 만들 수 있다.

실기 과목명	주요항목	세부항목	세세항목
	6 복어 껍질초회 조리	1. 복어껍질 재료 준비하기	1. 복어껍질의 가시를 완전히 제거할 수 있다. 2. 손질된 복어껍질을 데치고 건조시킬 수 있다. 3. 건조된 복어껍질을 초회용으로 채 썰 수 있다. 4. 곁들임 채소를 준비하여 채 썰 수 있다.
		2. 복어초회 양념 만들기	1. 재료의 비율에 맞게 초간장을 만들 수 있다. 2. 양념재료를 이용하여 양념을 만들 수 있다. 3. 초간장과 양념으로 초회 양념을 만들 수 있다.
		3. 복어껍질 무치기	1. 재료의 배합 비율을 용도에 맞게 조절할 수 있다. 2. 채 썬 복어껍질을 초회 양념으로 무칠 수 있다. 3. 복어껍질초회를 제시된 모양으로 담아낼 수 있다.
	7 복어 죽 조리	1. 복어 맛국물 준비하기	1. 맛국물을 내기 위한 전처리 작업을 준비할 수 있다. 2. 다시마로 맛국물을 내기 위해 준비할 수 있다. 3. 복어 뼈로 맛국물을 내기 위해 준비할 수 있다.
		2. 복어죽 재료 준비하기	1. 밥을 물에 씻어 복어죽 용도로 준비할 수 있다. 2. 쌀을 씻어 불려서 복어죽 용도로 준비할 수 있다. 3. 부재료를 복어죽 용도로 준비할 수 있다.
		3. 복어죽 끓여서 완성하기	1. 불린 쌀과 복어 살 등으로 복어죽을 만들 수 있다. 2. 씻은 밥과 복어 살 등으로 복어죽을 만들 수 있다. 3. 복어죽의 종류별 차이점을 설명할 수 있다.
	8 복어회 국화모양 조리	1. 복어 살 전처리 작업하기	1. 복어살이 뼈에 붙어 있지 않게 분리할 수 있다. 2. 복어살에 붙은 엷은 각을 분리할 수 있다. 3. 엷은 막의 복어 살을 회 장식에 사용할 수 있다. 4. 복어 살의 어취와 수분을 제거할 수 있다.
		2. 복어 회뜨기	1. 복어 살을 일정한 폭과 길이로 자를 수 있다. 2. 복어회의 끝부분을 삼각접기 할 수 있다. 3. 복어회를 접시에 담아낼 수 있다. 4. 복어회를 국화 모양으로 만들 수 있다.
		3. 복어회 국화모양 접시에 담기	1. 복어회를 완성 접시에 국화 모양으로 담을 수 있다. 2. 실파, 미나리, 겉껍질 속껍질 등 곁들임 재료들을 담을 수 있다.

실기 과목명	주요항목	세부항목	세세항목
	9 복어튀김 조리	1. 복어튀김 재료 준비하기	1. 복어를 한입 크기로 토막 낼 수 있다. 2. 어취를 다양한 방법으로 제거할 수 있다. 3. 손질된 복어를 튀김용으로 밑간할 수 있다. 3. 곁들임 채소를 튀김용으로 준비할 수 있다. 5. 튀김용 종이를 준비할 수 있다.
		2. 복어 튀김옷 준비하기	1. 박력분 밀가루를 이용하여 튀김옷을 만들 수 있다. 2. 전분을 이용하여 튀김옷을 만들 수 있다. 3. 밀가루와 전분을 혼합하여 튀김옷을 만들 수 있다. 4. 튀김옷에 양념을 할 수 있다.
		3. 복어튀김 조리 완성하기	1. 튀김용 기름의 온도와 양을 조리 용도에 맞게 조절할 수 있다. 2. 양념된 복어와 곁들임 채소를 튀겨낼 수 있다. 3. 튀긴 복어를 제시된 모양으로 담아낼 수 있다.
	10 복어 선별·손질 관리	1. 기초 손질하기	1. 복어를 위생적으로 세척할 수 있다. 2. 복어의 점액질을 제거할 수 있다. 3. 복어를 부위별로 분리할 수 있다.
		2. 식용부위 손질하기	1. 가식과 불가식 부위를 정확하게 구분할 수 있다. 2. 가식 부위를 조리용도에 맞게 손질할 수 있다. 3. 불가식 부위를 안전하게 분리할 수 있다.
		3. 제독 처리하기	1. 복어의 독성이 있는 부위를 정확하게 분류할 수 있다. 2. 복어의 독을 안전하게 제거할 수 있다.
		4. 껍질 작업하기	1. 복어를 겉껍질과 속껍질로 분리할 수 있다. 2. 복어 껍질의 점액질과 핏줄을 제거할 수 있다. 3. 복어 껍질의 가시를 제거할 수 있다.
		5. 독성부위 폐기하기	1. 복어의 독성 부위를 안전하게 폐기할 수 있다.

일식조리기능사

수험자 유의사항

1. 만드는 순서에 유의하며, 위생과 숙련된 기능평가를 위하여 조리작업 시 맛을 보지 않습니다.
2. 지정된 수험자지참준비물 이외의 조리기구나 재료를 시험장내에 지참할 수 없습니다.
3. 지급재료는 시험 전 확인하여 이상이 있을 경우 시험위원으로부터 조치를 받고 시험 중에는 재료의 교환 및 추가지급은 하지 않습니다.
4. 요구사항 및 지급재료의 규격은 "정도"의 의미를 포함하며, 재료의 크기에 따라 가감하여 채점됩니다.
5. 위생복, 위생모, 앞치마, 마스크를 착용하여야 하며, 시험장비·조리기구 취급 등 안전에 유의합니다.
6. 다음 사항은 실격에 해당하여 채점대상에서 제외됩니다.
   가. 수험자 본인이 시험 도중 시험에 대한 포기 의사를 표현하는 경우
   나. 위생복, 위생모, 앞치마, 마스크를 착용하지 않은 경우
   다. 시험시간 내에 과제 두 가지를 제출하지 못한 경우
   라. 문제의 요구사항대로 과제의 수량이 만들어지지 않은 경우
   마. 완성품을 요구사항의 과제(요리)가 아닌 다른 요리(예, 달걀말이→달걀찜)로 만든 경우
   바. 불을 사용하여 만든 조리작품이 작품특성에 벗어나는 정도로 타거나 익지 않은 경우
   사. 해당 과제의 지급재료 이외 재료를 사용하거나, 요구사항의 조리기구(석쇠 등)로 완성품을 조리하지 않은 경우
   아. 지정된 수험자지참준비물 이외의 조리기술에 영향을 줄 수 있는 기구를 사용한 경우
   자. 가스레인지 화구 2개 이상(2개 포함) 사용한 경우
   차. 시험 중 시설·장비(칼, 가스레인지 등) 사용 시 시험위원 및 타수험자의 시험 진행에 위해를 일으킬 것으로 시험위원 전원이 합의하여 판단한 경우
   카. 요구사항에 표시된 실격 및 부정행위에 해당하는 경우
7. 항목별 배점은 위생상태 및 안전관리 5점, 조리기술 30점, 작품의 평가 15점입니다.
8. 시험시작 전 가벼운 몸 풀기(스트레칭) 동작으로 긴장을 풀고 시험을 시작합니다.

위생상태 및 안전관리 세부기준 안내

순번	구분	세 부 기 준
1	위생복 상의	• 전체 흰색, 손목까지 오는 긴소매 - 조리과정에서 발생 가능한 안전사고(화상 등) 예방 및 식품위생(체모 유입방지, 오염도 확인 등) 관리를 위한 기준 적용 - 조리과정에서 편의를 위해 소매를 접어 작업하는 것은 허용 - 부직포, 비닐 등 화재에 취약한 재질이 아닐 것, 팔토시는 긴팔로 불인정 • 상의 여밈은 위생복에 부착된 것이어야 하며 벨크로(일명 찍찍이), 단추 등의 크기, 색상, 모양, 재질은 제한하지 않음(단, 핀 등 별도 부착한 금속성은 제외)
2	위생복 하의	• 색상·재질무관, 안전과 작업에 방해가 되지 않는 발목까지 오는 긴바지 - 조리기구 낙하, 화상 등 안전사고 예방을 위한 기준 적용
3	위생모	• 전체 흰색, 빈틈이 없고 바느질 마감처리가 되어 있는 일반 조리장에서 통용되는 위생모 (모자의 크기, 길이, 모양, 재질(면·부직포 등)은 무관)
4	앞치마	• 전체 흰색, 무릎아래까지 덮이는 길이 - 상하일체형(목끈형) 가능, 부직포·비닐 등 화재에 취약한 재질이 아닐 것
5	마스크	• 침액을 통한 위생상의 위해 방지용으로 종류는 제한하지 않음 (단, 감염병 예방법에 따라 마스크 착용 의무화 기간에는 '투명 위생 플라스틱 입가리개'는 마스크 착용으로 인정하지 않음)
6	위생화 (작업화)	• 색상 무관, 굽이 높지 않고 발가락·발등·발뒤꿈치가 덮여 안전사고를 예방할 수 있는 깨끗한 운동화 형태
7	장신구	• 일체의 개인용 장신구 착용 금지 (단, 위생모 고정을 위한 머리핀 허용)
8	두발	• 단정하고 청결할 것, 머리카락이 길 경우 흘러내리지 않도록 머리망을 착용하거나 묶을 것
9	손 / 손톱	• 손에 상처가 없어야 하나, 상처가 있을 경우 보이지 않도록 할 것 (시험위원 확인 하에 추가 조치 가능) • 손톱은 길지 않고 청결하며 매니큐어, 인조손톱 등을 부착하지 않을 것
10	폐식용유 처리	• 사용한 폐식용유는 시험위원이 지시하는 적재장소에 처리할 것
11	교차오염	• 교차오염 방지를 위한 칼, 도마 등 조리기구 구분 사용은 세척으로 대신하여 예방할 것 • 조리기구에 이물질(예, 테이프)을 부착하지 않을 것
12	위생관리	• 재료, 조리기구 등 조리에 사용되는 모든 것은 위생적으로 처리하여야 하며, 조리용으로 적합한 것일 것
13	안전사고 발생 처리	• 칼 사용(손 빔) 등으로 안전사고 발생 시 응급조치를 하여야 하며, 응급조치에도 지혈이 되지 않을 경우 시험진행 불가
14	눈금표시 조리도구	• 눈금표시된 조리기구 사용 허용(실격 처리되지 않음. 2022년부터 적용) (단, 눈금표시에 재어가며 재료를 써는 조리작업은 조리기술 및 숙련도 평가에 반영)
15	부정 방지	• 위생복, 조리기구 등 시험장 내 모든 개인물품에는 수험자의 소속 및 성명 등의 표식이 없을 것 (위생복의 개인 표식 제거는 테이프로 부착 가능)
16	테이프 사용	• 위생복 상의, 앞치마, 위생모의 소속 및 성명을 가리는 용도로만 허용

※ 위 내용은 식품안전관리인증기준(HACCP) 평가(심사) 매뉴얼, 위생등급 가이드라인 평가기준 및 시행상의 운영사항을 참고하여 작성된 기준입니다.

일식조리기능사

위생상태 및 안전관리에 대한 채점기준 안내

위생 및 안전 상태	채점기준
1 위생복(상/하의), 위생모, 앞치마, 마스크 중 한 가지라도 미착용한 경우 2 평상복(흰 티셔츠, 와이셔츠), 패션모자(흰 털모자, 비니, 야구모자) 등 기준을 벗어난 위생복장을 착용한 경우	실격 (채점대상 제외)
3 위생복(상/하의), 위생모, 앞치마, 마스크를 착용하였더라도 • 무늬가 있거나 유색의 위생복 상의·위생모·앞치마를 착용한 경우 • 흰색의 위생복 상의·앞치마를 착용하였더라도 부직포, 비닐 등 화재에 취약한 재질의 복장을 착용한 경우 • 팔꿈치가 덮이지 않는 짧은 팔의 위생복을 착용한 경우 • 위생복 하의의 색상, 재질은 무관하나 짧은 바지, 통이 넓은 힙합 스타일 바지, 타이츠, 치마 등 안전과 작업에 방해가 되는 복장을 착용한 경우 • 위생모가 뚫려 있어 머리카락이 보이거나, 수건 등으로 감싸 바느질 마감 처리가 되어 있지 않고 풀어지기 쉬워 일반 조리장용으로 부적합한 경우 4 이물질(예, 테이프) 부착 등 식품위생에 위배되는 조리기구를 사용한 경우	'위생상태 및 안전관리' 점수 전체 0점
5 위생복(상/하의), 위생모, 앞치마, 마스크를 착용하였더라도 • 위생복 상의가 팔꿈치를 덮기는 하나 손목까지 오는 긴소매가 아닌 위생복(팔토시 착용은 긴소매로 불인정), 실험복 형태의 긴 가운, 핀 등 금속을 별도 부착한 위생복을 착용하여 세부기준을 준수하지 않았을 경우 • 테두리선, 칼라, 위생모 짧은 창 등 일부 유색의 위생복 상의·위생모·앞치마를 착용한 경우 (테이프 부착 불인정) • 위생복 하의가 발목까지 오지 않는 8부바지 • 위생복(상/하의), 위생모, 앞치마, 마스크에 수험자의 소속 및 성명을 테이프 등으로 가리지 않았을 경우 6 위생화(작업화), 장신구, 두발, 손/손톱, 폐식용유 처리, 안전사고 발생 처리 등 '위생상태 및 안전관리 세부기준'을 준수하지 않았을 경우 7 '위생상태 및 안전관리 세부기준' 이외에 위생과 안전을 저해하는 기타 사항이 있을 경우	'위생상태 및 안전관리' 점수 일부 감점

※ 위 기준에 표시되어 있지 않으나 일반적인 개인위생, 식품위생, 주방위생, 안전관리를 준수하지 않았을 경우 감점처리 될 수 있습니다.
※ 수도자의 경우 제복 + 위생복 상의/하의, 위생모, 앞치마, 마스크 착용 허용

시험장 실기 준비물

일식조리기능사

준비물	규격	단위	수량	비고
위생복	상의 – 백색 하의 – 긴바지(색상 무관)	벌	1	위생복장을 제대로 갖추지 않을 경우는 실격처리됩니다.
위생모 또는 머리수건	백색	EA	1	
앞치마	백색(남, 녀 공용)	EA	1	
마스크		EA	1	
강판	조리용	EA	1	
계량스푼	사이즈별	SET	1	
계량컵	200ml	EA	1	
나무젓가락	40~50cm 정도	SET	1	
나무주걱	소	EA	1	
냄비	조리용	EA	1	시험장에도 준비되어 있음
도마	흰색 또는 나무도마	EA	1	시험장에도 준비되어 있음
랩, 호일	조리용	EA	1	
볼(bowl)	크기 제한 없음	EA	1	시험장에도 준비되어 있음
소창 또는 면보	30×30cm 정도	장	1	
쇠조리(혹은 체)	조리용	EA	1	시험장에도 준비되어 있음
위생타올	면	매	1	
위생팩	비닐팩	EA	1	
상비의약품	손가락골무, 밴드 등	EA	1	시험장에도 준비되어 있음
이쑤시개	–	EA	1	
종이컵	–	EA	1	
칼	조리용 칼, 칼집 포함	EA	1	
사시미칼	–	EA	1	
대파칼	–	EA	1	
키친타올(종이)	주방용(소 18×20cm)	장	1	
테이블스푼	–	EA	2	숟가락으로 대체 가능
프라이팬	중형	EA	1	시험장에도 준비되어 있음
사각 프라이팬	달걀말이용	EA	1	

일식 기초

곤부다시 끓이는 방법

1 다시마를 면포로 닦아 찬물에 넣고 끓이기

3 곤부다시 완성

2 끓으면 면포에 내리기

가쓰오다시 끓이는 방법

1 다시마, 물 넣고 끓이기

2 끓으면 다시마 건져내기

3 가쓰오부시 넣기

4 가쓰오부시 가라앉히기

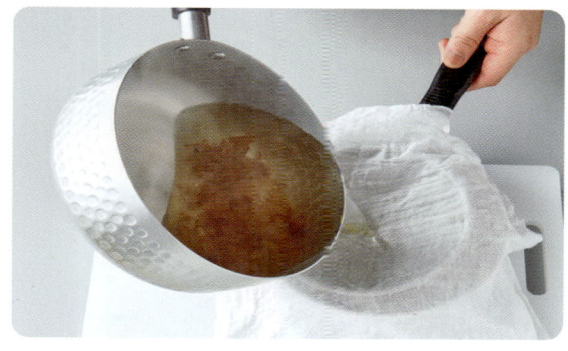

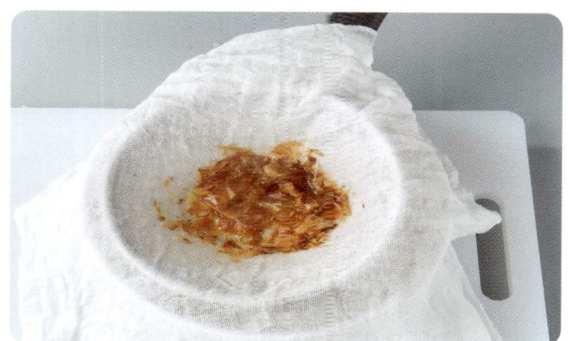

5 가쓰오부시 가라앉으면 견포에 거르기

야꾸미 만들기

1 레몬은 반달 모양 또는 웻지 모양 썰기

2 파 곱게 송송 썰어 헹구어 수분 제거하기

3 무 강판에 갈기

4 무 헹구어 수분 빼기

5 무에 고춧가루 물들이기

6 야꾸미, 폰즈 완성

채소 썰기 (국화꽃)

일식조리기능사

1 무 2cm 높이로 썰어 가로 세로로 세밀하게 칼집 넣기

2 물 1T, 설탕 1T, 식초 1T, 소금 1t 단촛물에 절이기

3 레몬 껍질 얇게 벗기기

4 레몬 껍질 곱게 다지기

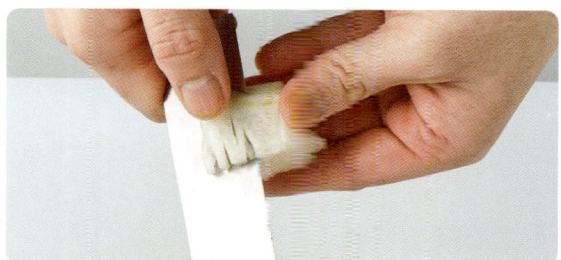

5 절임무 둥글게 만들기

6 무 꽃 만들기

7 무 꽃에 다진 레몬 껍질 뿌리기

채소 썰기 (매화꽃)

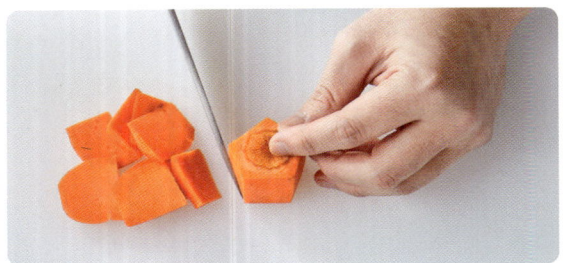

1 당근 5각형으로 썰기

2 꼭지점에서 중간까지 둥글여 꽃모양으로 파내기

3 중앙을 중심으로 칼집 넣기

4 칼집 넣은 부분을 15도 각도로 파내기

5 칼집 넣은 부분을 15도 각도로 파내기 완성

6 2~3개로 썰기

7 매화꽃 완성

채소 썰기 (무, 표고버섯)

무 은행잎 썰기

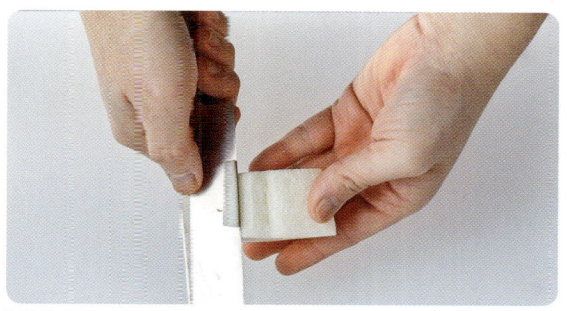

1 무 부채 꼴로 만들어 1~2번 칼집 넣어 칼집 중심으로 둥글려 파내기

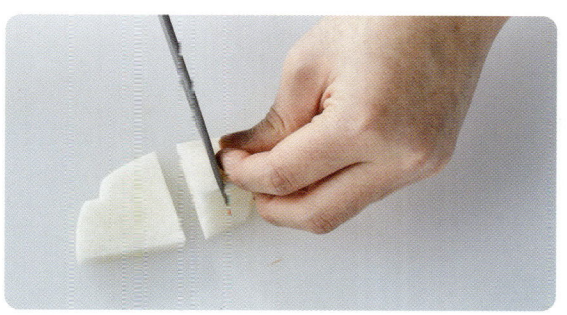

2 은행잎 모양으로 만든 무 등분하기

3 무 은행잎 썰기 완성

표고버섯 별 모양 칼집 넣기

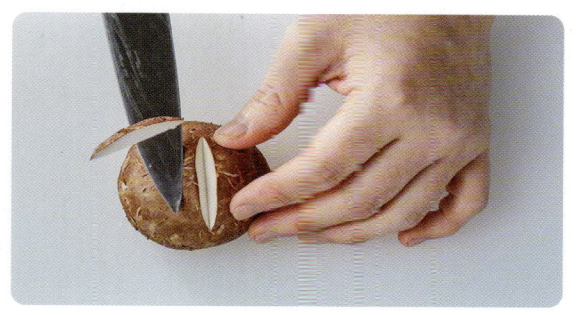

1 표고버섯 중앙에 15도 각도로 양쪽으로 파내기

도미 손질 방법

1 도미 지느러미 제거

2 비늘 제거

3 위에 붙어 있는 아가미 자르기

4 배에 칼집 넣기

5 아가미부터 내장까지 제거하기

6 깨끗이 씻어 머리 자르기

도미 손질 방법

7 몸통 자르기

8 머리 반으로 가르기

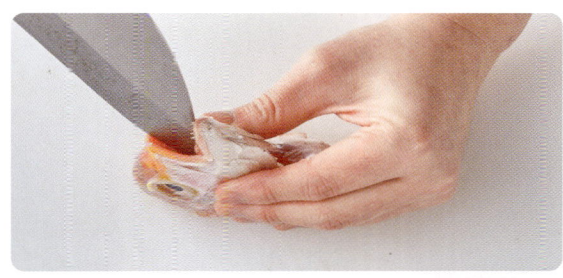

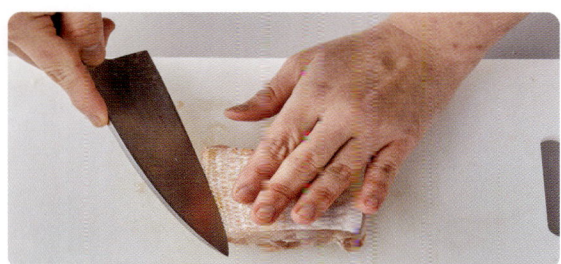

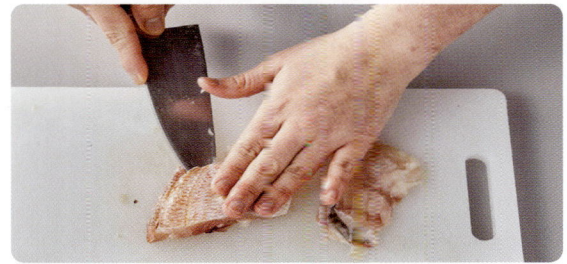

9 몸통 3장 포 뜨기

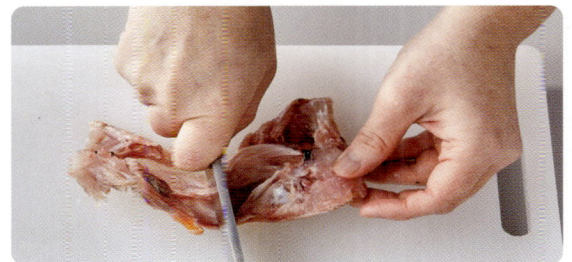

10 껍질에 칼집 넣기

도미 손질 방법

11 손질한 도미에 소금 뿌리기

12 도미 머리와 꼬리 데치기

13 도미 살 데치기

일식조리기능사 실기

무침 조리

갑오징어명란무침

이카노사쿠라아에 いかのさくらあえ

시험시간
20분

갑오징어명란무침

재료

- 갑오징어 몸살 70g
- 명란젓 40g
- 무순 10g
- 소금 (정제염) 10g
- 청차조기잎 (시소) 1장
  (깻잎으로 대처 가능)

요구사항 ※ 주어진 재료를 사용하여 다음과 같이 갑오징어명란무침을 만드시오.

가. 명란젓은 껍질을 제거하고 알만 사용하시오.
나. 갑오징어는 속껍질을 제거하여 사용하시오.
다. 갑오징어를 소금물에 데쳐 0.3cm× 0.3cm×5cm 크기로 썰어 사용하시오.

만드는 법

1. 무순과 시소잎(깻잎)은 씻어 찬물에 담근다.
2. 갑오징어는 껍질과 양쪽 막을 제거하여 끓는 물에 소금을 넣고 갑오징어를 데친다.
3. 갑오징어를 5cm 길이로 얇게 포를 떠서 0.3cm로 채 썬다.
4. 명란 껍질에 칼집을 넣어 칼등으로 알만 긁어 준비한다.
5. 갑오징어에 명란알을 넣고 젓가락으로 저어가며 두친다.
6. 접시에 깻잎을 깐 후 갑오징어 명란무침을 소복하게 담고 무순을 올려 완성한다.

합격 point

1. 갑오징어를 약한 불에서 익힌다.
2. 갑오징어를 데쳐서 0.3×0.3×5cm로 일정하게 썬다.

조리과정 갑오징어명란무침

1 무순과 시소잎(깻잎)은 씻어 찬물에 담근다.

3 갑오징어를 5cm 길이로 얇게 포를 떠서 0.3cm로 채 썬다.

2 갑오징어는 껍질과 양쪽 막을 제거하여 끓는 물에 소금을 넣고 갑오징어를 데친다.

4 명란 껍질에 칼집을 넣어 칼등으로 알만 긁어 준비한다.

조리과정 갑오징어명란무침

5 갑오징어에 명란알을 넣고 젓가락으로 저어가며 무친다.

6 접시에 깻잎을 깐 후 갑오징어 명란무침을 소복하게 담고 무순을 올려 완성한다.

국물 조리

도미머리맑은국

다이노스이모노 たいのすいもの

시험시간 **30분**

도미머리맑은국

요구사항

※ 주어진 재료를 사용하여 다음과 같이 도미머리맑은국을 만드시오.

가. 도미 머리 부분을 반으로 갈라 50 ~ 60g 크기로 사용하시오.
　(단, 도미는 머리만 사용하여야 하고, 도미 몸통(살) 사용 할 경우 실격 처리됩니다.)
나. 소금을 뿌려 놓았다가 끓는 물에 데쳐 손질하시오.
다. 다시마와 도미 머리를 넣어 은근하게 국물을 만들어 간하시오.
라. 대파의 흰부분은 가늘게 채(시라가네기) 썰어 사용하시오.
마. 간을 하여 각 곁들일 재료를 넣어 국물을 부어 완성하시오.

재료

- 도미 1마리 (200~250g, 도미 과제 중복시 두 가지 과제에 도미 1마리 지급)
- 대파 1토막 [흰부분(10cm)]
- 죽순 30g
- 건다시마 1장 (5×10cm)
- 소금(정제염) 20g
- 국간장 5mL 진간장 대체 가능
- 레몬 1/4개
- 청주 5mL

만드는 법

1. 도미는 아가미와 내장을 제거하여 머리를 자르고 반으로 갈라 소금 뿌린다.
2. 죽순은 5cm의 빗살무늬를 살려 편 썰어 데친다.
3. 죽순 데친 물에 도미를 데쳐 찬물에 헹구어 비늘과 불순물을 제거한다.
4. 레몬껍질은 오리발 모양으로 만든다.
5. 대파는 가늘게 채 썰어 찬물에 담근다.
6. 냄비에 물 2컵과 다시마, 도미 머리를 넣고 끓으면 다시마는 건져내고 도미 머리가 익으면 면포에 내려 불순물을 제거하고 국물에 국간장 약간, 청주 1t, 소금을 넣고 살짝 끓인다.
7. 완성 그릇에 도미 머리를 담고 국물을 부어 오리발과 죽순, 대파 채를 올려 완성한다.

합격 point

1. 도미 머리는 아가미와 내장을 제거하고 잘라 반으로 갈라 불순물을 잘 제거한다.
2. 파 흰 부분을 최대한 곱게 채 썰어 물에 담갔다가 여러 번 헹군다.
3. 약한 불에서 탁하지 않게 끓인다.
4. 국물은 200ml 이상 담는다.

조리과정 도미머리맑은국

1 도미는 아가미와 내장을 제거하여 머리를 자르고 반으로 갈라 소금 뿌린다.

3 죽순 데친 물에 도미를 데쳐 찬물에 헹구어 비늘과 불순물을 제거한다.

2 죽순은 5cm의 빗살무늬를 살려 편 썰어 데친다.

4 레몬껍질은 오리발 모양으로 만든다.

조리과정 도미머리맑은국

5 대파는 가늘게 채 썰어 찬물에 담근다.

6 냄비에 물 2컵과 다시마, 도미 머리를 넣고 끓으면 다시마는 건져내고 도미 머리가 익으면 면포에 내려 불순물을 제거하여 국물에 국간장 약간, 청주 1t, 소금을 넣고 살짝 끓인다.

7 완성 그릇에 도미 머리를 담고 국물을 부어 오리발과 죽순, 대파 채를 올려 완성한다.

02 도미머리맑은국

국물 조리

대합맑은국

하마구리노스이모노 はまぐりのすいもの

시험시간 **20분**

대합맑은국

재료

- 백합조개 2개
  (개당 40g, 5cm 내외)
- 쑥갓 10g
- 레몬 1/4개
- 청주 5mL
- 소금(정제염) 10g
- 국간장 5mL (진간장 대체 가능)
- 건다시마 1장 (5×10cm)

요구사항 ※ 주어진 재료를 사용하여 다음과 같이 대합맑은국을 만드시오.

가. 조개 상태를 확인한 후 해감하여 사용하시오.
나. 다시마와 백합 조개를 넣어 끓으면 다시마를 건져내시오.

만드는 법

1. 쑥갓은 찬물에 담근다.
2. 대합은 씻어 소금물에 해감한다.
3. 냄비에 물 2C, 다시마, 대합을 넣고 끓으면 다시마를 건져내고 대합이 익으면 면포에 거른다.
4. 육수에 국간장으로 색을 내고, 청주 1t, 소금을 약간 넣어 살짝 끓인다.
5. 레몬껍질은 오리발 모양으로 만든다.
6. 완성 그릇에 대합을 담고 육수를 부어주고 쑥갓과 오리발을 띄어 완성한다.

합격 point

1. 국물에 간장을 색을 보면서 1방울 넣는다.
2. 제출할 때 국물 양을 200ml 이상 담아낸다.

조리과정 대합맑은국

1 쑥갓은 찬물에 담근다.

2 대합은 씻어 소금물에 해감한다.

3 냄비에 물 2C, 다시마, 대합을 넣고 끓으면 다시마를 건져내고 대합이 익으면 면포에 거른다.

4 육수에 국간장으로 색을 내고, 청주 1t, 소금을 약간 넣어 살짝 끓인다.

5 레몬껍질은 오리발 모양으로 만든다.

조리과정 대합맑은국

6 완성 그릇에 대합을 담고 육수를 부어주고 쑥 갓과 오리발을 띄어 완성한다.

국물 조리

된장국
미소시루 みそしる

시험시간
20분

된장국

재료
- 일본된장 40g
- 건다시마 1장 (5×10cm)
- 판두부 20g
- 실파 20g (1부리)
- 산초가루 1g
- 가다랑어포 (가쓰오부시) 5g
- 건미역 5g
- 청주 20mL

요구사항

※ 주어진 재료를 사용하여 다음과 같이 된장국을 만드시오.

가. 다시마와 가다랑어포(가쓰오부시)로 가다랑어국물(가쓰오다시)을 만드시오.
나. 1cm × 1cm × 1cm로 썬 두부와 미역은 데쳐 사용하시오.
다. 된장을 풀어 한소끔 끓여내시오.

만드는 법

1. 냄비에 물 2C을 올려 다시마를 넣어 끓여주고 돋기 끓으면 불을 끄고 다시마는 건진 후 가쓰오부시를 넣어 가라앉으면 면포에 거른다.
2. 미역은 불린 후 데쳐서 헹구고 1×1cm로 썰어 놓는다.
3. 두부는 1×1×1cm로 썰어 데쳐서 담는다.
4. 실파는 0.3cm 송송 썰어 찬물에 헹궈 수분을 제거한다.
5. 냄비에 가쓰오다시 2C 넣고 끓으면 일본 된장 1T를 체에 내리고 청주 1t 넣어 살짝 끓여서 미역과 두부를 담은 그릇에 국물을 담고 산초가루와 실파는 올려 완성한다.

> **tip** 된장을 풀은 후 살짝 끓여야 탁하지 않고 시원한 맛이 난다.
> **tip** 국물은 250ml 담는다.

합격 point

1. 미역과, 두부는 1×1×1cm로 썰어 데쳐서 완성 그릇에 담아 놓고 된장 국물은 따로 끓여 붓는다.

조리과정 된장국

1 냄비에 물 2C을 올려 다시마를 넣어 끓여주고 물이 끓으면 불을 끄고 다시마는 건진 후 가쓰오부시를 넣어 가라앉으면 면포에 거른다.

2 미역은 불린 후 데쳐서 헹구고 1×1cm로 썰어 담는다.

3 두부는 1×1×1cm로 썰어 데쳐서 담는다.

4 실파는 0.3cm 송송 썰어 찬물에 헹궈 수분을 제거한다.

조리과정 된장국

5 냄비에 가쓰오다시 2C 넣고 끓으면 일본 된장 1T를 체에 내리고 청주 1t 넣어 살짝 끓여서 미역과 두부를 담은 그릇에 국물을 담고 산초 가루와 실파는 올려 완성한다.

tip 된장을 풀은 후 살짝 끓여야 탁하지 않고 시원한 맛이 난다.

tip 국물은 250ml 담는다.

조림 조리

도미조림

타이노아라타끼 たいのあらたき

시험시간 **30분**

도미조림

재료

- 도미 1마리 (200~250g)
- 우엉 40g
- 꽈리고추 30g (2개)
- 통생강 30g
- 흰설탕 60
- 청주 50mL
- 진간장 90mL
- 소금(정제염) 5g
- 건다시마 1장 (5×10cm)
- 맛술(미림) 50mL

요구사항 ※ 주어진 재료를 사용하여 다음과 같이 도미조림을 만드시오.

가. 손질한 도미를 5~6cm로 자르고 머리는 반으로 갈라 소금을 뿌리시오.
나. 머리와 꼬리는 데친 후 불순물을 제거하시오.
다. 도미를 냄비에 앉혀 양념하고 오토시부타(냄비 안에 들어가는 뚜껑이나 호일)를 덮으시오.
라. 완성 후 접시에 담고 생강채(하리쇼가)와 채소를 앞쪽에 담아내시오.

만드는 법

1. 냄비에 물 2C과 다시마를 넣고 끓으면 다시마를 건져 곤부다시를 만든다.
2. 생강은 가늘게 채 썰어(하리쇼가) 찬물에 담근다.
3. 우엉은 칼등으로 껍질을 벗긴 후 5cm 정도의 젓가락 모양으로 썬다.
4. 꽈리고추는 꼭지를 떼어내고 길이로 살짝 칼집을 넣는다.
5. 도미는 아가미, 내장을 제거하여 3등분하여 몸통과 꼬리는 칼집 넣고 머리는 반 갈라 소금을 뿌린 후 데친다.
6. 냄비에 우엉을 깔고 도미를 올린 후 청주 3T를 넣어 불을 켜서 알코올을 날린 후 다시물 1C, 간장 3T, 설탕 3T, 미림 3T 넣고 호일로 뚜껑을 만들어 덮고 끓여 국물이 조금 남으면 불을 줄여 국물을 끼얹어 가며 조린다.
7. 마지막에 꽈리고추를 넣고 졸여 완성 접시에 도미를 담고 앞쪽으로 꽈리고추, 우엉, 생강을 담아 완성한다.

합격 point

1. 도미의 손질 순서와 전처리 방법을 반드시 숙지한다.
2. 도미 손질 시 가위를 사용하지 않는다.
3. 꽈리고추는 칼집을 넣어 중간에 살짝 익혀 건져 놓고 조림이 완성되면 담아낸다.
4. 생강은 최대한 곱게 채 썰어 물에 담갔다가 여러 번 헹구어 수분을 제거하여 담는다.

조리과정 도미조림

1 냄비에 물 2C과 다시마를 넣고 끓으면 다시마를 건져 곤부다시를 만든다.

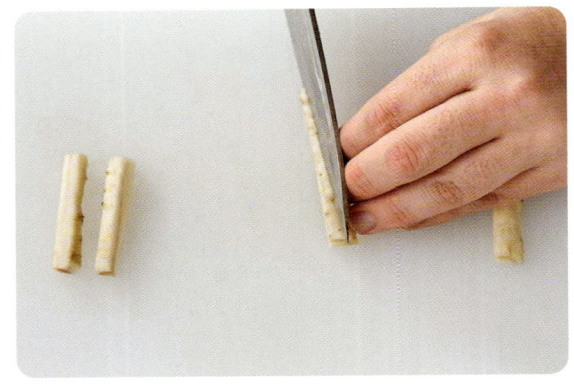

3 우엉은 칼등으로 껍질을 벗긴 후 5cm 정도의 젓가락 모양으로 썬다.

2 생강은 가늘게 채 썰어(하리쇼가) 찬물에 담근다.

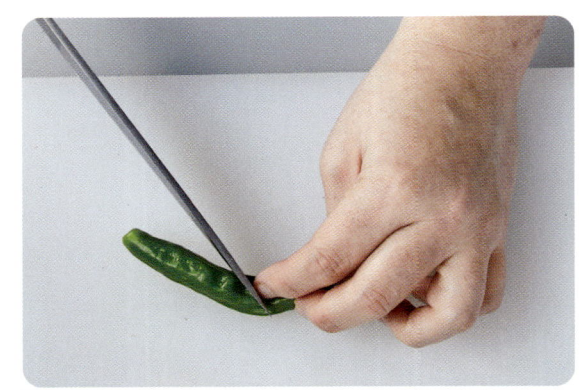

4 꽈리고추는 꼭지를 떼어내고 길이로 살짝 칼집을 넣는다.

조리과정 도미조림

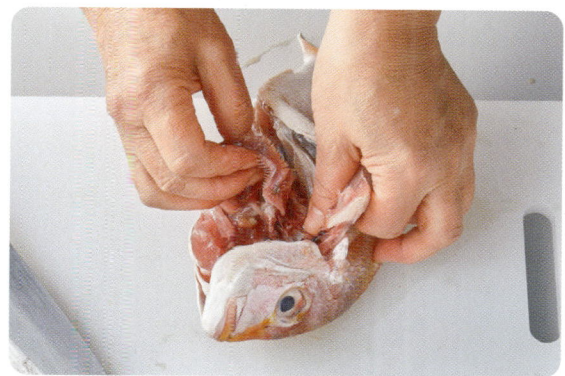

5. 도미는 아가미, 내장을 제거하여 3 등분하여 몸통과 꼬리는 칼집 넣고 머리는 반 갈라 소금을 뿌린 후 데친다.

6. 냄비에 우엉을 깔고 도미를 올린 후 청주 3T를 넣어 불을 켜서 알코올을 날린 후 다시물 1C, 간장 3T, 설탕 3T, 미림 3T 넣고 호일로 뚜껑을 만들어 덮고 끓여 국물이 조금 남으면 불을 줄여 국물을 끼얹어 가며 조린다.

7. 마지막에 꽈리고추를 넣고 조려 완성 접시에 도미를 담고 앞쪽으로 꽈리고추, 우엉, 생강을 담아 완성한다.

05 도미조림 61

초회 조리

문어초회
타꼬노스노모노 たこのすのもの

시험시간 **20분**

문어초회

요구사항 ※ 주어진 재료를 사용하여 다음과 같이 문어초회를 만드시오.

가. 가다랑어 국물을 만들어 양념 초간장(도사스)을 만드시오.
나. 문어는 삶아 4~5cm 길이로 물결모양 썰기(하조기리)를 하시오.
다. 미역은 손질하여 4~5cm 크기로 사용하시오.
라. 오이는 둥글게 썰거나 줄 무늬(자바라)썰기 하여 사용하시오.
마. 문어초회 접시에 오이와 문어를 담고 양념 초간장(도사스)을 끼얹어 레몬으로 장식하시오.

재료

- 문어다리 1개 (생문어, 80g)
- 건미역 5g
- 레몬 1/4개
- 오이 1/2개
  (가늘고 곧은 것, 길이 20cm)
- 소금 (정제염) 10g
- 식초 30mL
- 건다시마 1장 (5×10cm)
- 진간장 20mL
- 흰설탕 10g
- 가다랑어포 (가쓰오부시) 5g

만드는 법

1. 냄비에 물 1C을 올려 다시마를 넣어 물이 끓으면 불을 끄고 다시마는 건진 후 가쓰오부시를 넣어 가라앉으면 면포에 거른다.
2. 가쓰오다시 1/3C, 간장 1T, 식초 1T, 설탕 0.5T를 섞어 끓여 도사스를 만든다.
3. 오이는 45℃ 각도로 어슷하게 아래, 위로 칼집을 촘촘히 넣어 소금물에 절여준 후 헹궈 2~3cm 정도로 썬다.

   tip 오이는 아래, 위가 칼집이 엇갈리게 넣으면 끊어지지 않는다.

4. 미역은 찬물에 불려 소금물에 데친 후 헹군다.
5. 김발에 넓은 미역을 펴놓고 나머지 미역을 올려 말아 4cm 정도로 자른다.
6. 문어는 끓는 물에 간장 1t, 식초 1t 넣어 삶아 준 후 껍질을 제거하고 4~5cm 길이 물결무늬로 포를 뜬다.
7. 반찬 그릇에 오이, 미역, 문어, 레몬을 담은 후 도사스를 끼얹어 완성한다.

합격 point

1. 문어는 너무 오래 삶으면 질기므로 굵기에 따라 시간 조정을 잘하여 질기지 않게 삶는다.
2. 문어초회는 초간장을 끓여 도사스를 만들고 해삼초회는 폰즈를 만든다.
3. 미역은 오래 데치면 흐물흐물해지므로 주의한다.

조리과정 문어초회

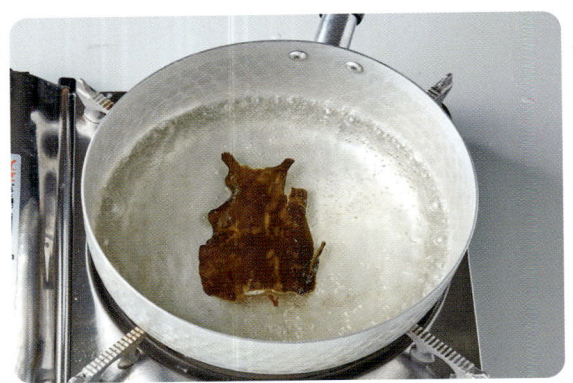

1 냄비에 물 1C을 올려 다시마를 넣어 물이 끓으면 불을 끄고 다시마는 건진 후 가쓰오부시를 넣어 가라앉으면 면포에 거른다.

2 가쓰오다시 1/3C, 간장 1T, 식초 1T, 설탕 0.5T를 섞어 끓여 도사스를 만든다.

조리과정 문어초회

4 미역은 찬물에 불려 소금물에 데친 후 헹군다.

3 오이는 45℃ 각도로 어슷하게 아래, 위로 칼집을 촘촘히 넣어 소금물에 절여준 후 헹궈 2~3cm 정도로 썬다.

tip 오이는 아래, 위가 칼집이 엇갈리게 넣으면 끊어지지 않는다.

5 김발에 넓은 미역을 펴놓고 나머지 미역을 올려 말아 4cm 정도로 자른다.

조리과정 문어초회

7. 반찬 그릇에 오이, 미역, 문어, 레몬을 담은 후 도사스를 끼얹어 완성한다.

6. 문어는 끓는 물에 간장 1t, 식초 1t 넣어 삶아 준 후 껍질을 제거하고 4~5cm 길이 물결무 늬로 포를 뜬다.

초회 조리

해삼초회

나마꼬노스노모노 なまこのすのもの

시험시간 **20분**

해삼초회

요구사항 ※ 주어진 재료를 사용하여 다음과 같이 해삼초회를 만드시오.

가. 오이를 둥글게 썰거나 줄무늬(자바라)썰기 하여 사용하시오.
나. 미역을 손질하여 4~5 cm로 써시오.
다. 해삼은 내장과 모래가 없도록 손질하고 힘줄(스지)을 제거하시오.
라. 빨간 무즙(아까오로시)과 실파를 준비하시오.
마. 초간장(폰즈)을 끼얹어 내시오.

재료

- 해삼 100g (fresh)
- 오이 1/2개
  (가늘고 곧은 것, 길이 20cm)
- 건미역 5g
- 실파 20g (1뿌리)
- 무 20g
- 레몬 1/4개
- 소금 (정제염) 5g
- 건다시마 1장 (5×10cm)
- 가다랑어포 (가쓰오부시) 10g
- 식초 15mL
- 진간장 15mL
- 고춧가루 5g (고운 것)

만드는 법

1. 냄비에 물 1C과 다시마를 넣고 끓으면 다시마를 건지고 가쓰오부시를 넣어 가라앉으면 면포에 내린다.
2. 가쓰오다시물 1T, 간장 1T, 식초 1T를 넣어 초간장을 만든다.
3. 오이는 45℃ 각도로 어슷하게 아래, 위로 칼집을 촘촘히 넣어 소금물에 절여준 후 헹궈 2~3cm 정도로 썬다.
   > **tip** 오이는 아래, 위가 칼집이 엇갈리게 넣으면 끊어지지 않는다.
4. 미역은 불려 소금물에 데쳐 김발에 말아 4cm로 자른다.
5. 해삼은 배를 갈라 내장과 힘줄을 제거하고 한입 크기로 자른다.
6. 무는 강판에 갈아 고춧가루 물을 들여서 후지산 모양으로 만들어주고, 실파는 송송 썰고, 레몬은 반달 모양으로 자른다.
7. 완성 접시에 해삼, 미역, 오이를 담고 앞에 레몬, 무, 실파를 담아 폰즈 끼얹어 완성한다.

합격 point

1. 해삼을 도마에 놓고 탁탁 치면 늘어져 있던 살이 오그라들면서 탄력이 생긴다.
2. 해삼을 미리 손질하면 해삼이 끈적하게 녹아내린다.
3. 해삼이 앞쪽에 오도록 담는다.

조리과정 해삼초회

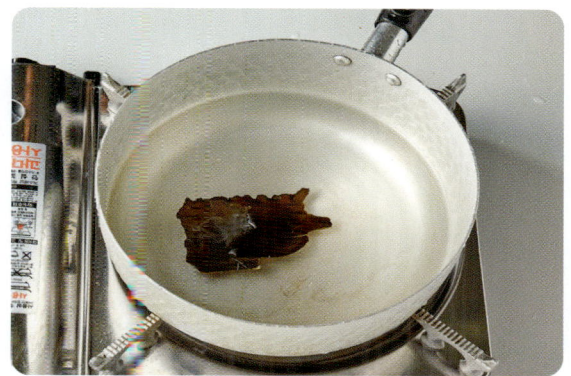

1 냄비에 물 1C과 다시마를 넣고 끓으면 다시마를 건지고 가쓰오부시를 넣어 가라앉으면 면포에 내린다.

2 가쓰오다시물 1T, 간장 1T, 식초 1T를 넣어 초간장을 만든다.

조리과정 해삼초회

3 오이는 45℃ 각도로 어슷하게 아래, 위로 칼집을 촘촘히 넣어 소금물에 절여준 후 헹궈 2~3cm 정도로 썬다.

> **tip** 오이는 아래, 위가 칼집이 엇갈리게 넣으면 끊어지지 않는다.

4 미역은 불려 소금물에 데쳐 김발에 말아 4cm로 자른다.

조리과정 해삼초회

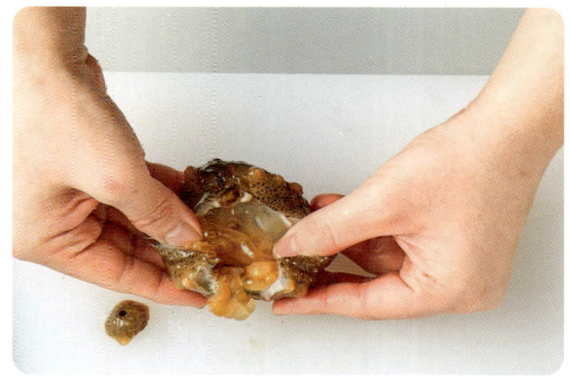

5 해삼은 배를 갈라 내장과 힘줄을 제거하고 한 입 크기로 자른다.

6 무는 강판에 갈아 고춧가루 물을 들여서 후지산 모양으로 만들어주고, 실파는 송송 썰고, 레몬은 반달 모양으로 자른다.

7 완성 접시에 해삼, 미역, 오이를 담고 앞에 레몬, 무, 실파를 담아 든즈 끼얹어 완성한다.

밥 조리

소고기덮밥

규니쿠노돈부리　ぎゅうにくのどんぶり

시험시간 **30분**

소고기덮밥

요구사항 ※ 주어진 재료를 사용하여 다음과 같이 소고기덮밥을 만드시오.

가. 덮밥용 양념간장(돈부리 다시)을 만들어 사용하시오.
나. 고기, 채소, 달걀은 재료 특성에 맞게 조리하여 준비한 밥 위에 올려놓으시오.
다. 김을 구워 칼로 잘게 썰어(하리노리) 사용하시오.

재료

- 소고기 (등심) 60g
- 양파 1/3개 [중(150g)]
- 실파 20g (1뿌리)
- 팽이버섯 10g
- 달걀 1개
- 김 1/4장
- 흰설탕 10g
- 진간장 15mL
- 건다시마 1장 (5×10cm)
- 맛술 (미림) 15mL
- 소금 (정제염) 2g
- 밥 120g (뜨거운 밥)
- 가다랑어포 (가쓰오부시) 10g

만드는 법

1. 냄비에 물 1C과 다시마를 넣어 끓으면 다시마를 건져그 가쓰오부시를 넣어 가라앉으면 면포에 거른다.
2. 소고기는 4×0.2×1cm로 결 반대 방향으로 썰어 키친타월에 올려 핏물을 제거한다.
3. 양파는 4cm로 채 썰고 실파는 4cm로 썬다.
4. 팽이버섯은 4cm로 썬다.
5. 김은 불에 구워 채 썬다.
6. 달걀은 소금을 넣어 푼다.
7. 냄비에 다시물 1/2C과 간장 1T, 맛술 1T, 설탕 1t, 소금 약간을 넣고 끓여 돈부리다시를 만든다.
8. 7에 소고기, 양파를 넣고 살짝 끓이고 불순물을 제거한다
9. 팽이버섯, 실파, 달걀을 넣고 70% 익으면 완성 그릇에 밥을 담고 위에 올려 채 썬 김을 얹어 완성한다.

합격 point

1. 국물은 밥 아래 자작하게 거의 없을 정도로 담는다.
2. 미리 준비해 놓고 제출하기 직전에 끓여서 완성한다.
3. 달걀의 익은 정도와 국물의 양이 중요하다.
4. 소고기 덮밥은 냄비가 속이 깊으면 담을 때 불편하여 돈부리팬 또는 오믈렛 팬을 사용하면 편하다.

조리과정 소고기덮밥

1 냄비에 물 1C과 다시마를 넣어 끓으면 다시마를 건지고 가쓰오부시를 넣어 가라앉으면 면포에 거른다.

2 소고기는 4×0.2×1cm로 결 반대 방향으로 썰어 키친타월에 올려 핏물을 제거한다.

3 양파는 4cm로 채 썰고 실파는 4cm로 썬다.

4 팽이버섯은 4cm로 썬다.

조리과정 소고기덮밥

5 김은 불에 구워 채 썬다.

7 냄비에 다시물 1/2C과 간장 1T, 맛술 1T, 설탕 1t, 소금 약간을 넣고 끓여 돈부리다시를 만든다.

6 달걀은 소금을 넣어 푼다.

8 7에 소고기, 양파를 넣고 살짝 끓이고 불순물을 제거한다.

조리과정 소고기덮밥

9 팽이버섯, 실파, 달걀을 넣고 70% 익으면 완성 그릇에 밥을 담고 위에 올려 채 썬 김을 얹어 완성한다.

면 조리

우동볶음

야키우동 焼きうどん

시험시간 **30분**

우동볶음 (야키우동)

요구사항　※ 주어진 재료를 사용하여 다음과 같이 우동볶음을 만드시오.

가. 새우는 껍질과 내장을 제거하고 사용하시오.
나. 오징어는 솔방울 무늬로 칼집을 넣어 1cm × 4cm 크기로 썰어서 데쳐 사용하시오.
다. 우동은 데쳐서 사용하고, 숙주를 제외한 나머지 채소는 4cm 길이로 썰어 사용하시오.
라. 가다랑어포(하나가쓰오)를 고명으로 얹으시오.

재료

- 우동 150g
- 작은 새우 3마리 (껍질 있는 것)
- 갑오징어 몸살 50g
  (물오징어 대체 가능)
- 양파 1/8개 [중(150g)]
- 숙주 50g
- 생표고버섯 1개
- 당근 50g
- 청피망 1/2개 [중(75g)]
- 가다랑어포 (하나가쓰오) 10g
  (고명용)
- 청주 30mL
- 진간장 15mL
- 맛술 (미림) 15mL
- 식용유 15mL
- 참기름 5mL
- 소금 5g

만드는 법

1. 숙주는 거두절미하여 씻어 놓는다.
2. 청피망과 양파, 당근, 생표고버섯은 4cm 크기로 채 썬다.
3. 새우는 내장을 제거하여 데친 후 껍질을 제거한다.
4. 오징어는 내장과 껍질을 제거하고 사선으로 칼집을 넣어 4 × 1cm로 썰어 데친다.
5. 끓는 물에 소금을 넣은 후 면을 삶아 찬물에 헹군다.
6. 팬에 식용유를 두르고 당근, 표고, 양파, 볶다가 새우, 오징어를 넣고 볶는다.
7. 6에 숙주, 피망을 넣고 볶다가 우동면, 간장 1T, 맛술 1T, 청주 1T 소금 약간을 넣고 볶은 후 참기름을 넣어 살짝 볶는다.
8. 완성 접시에 담고 가쓰오부시를 뿌려 완성한다.

합격 point

1. 해물, 채소, 우동이 잘 어우러지게 볶는다.
2. 가다랑어포는 고명용으로 다시 국물을 내지 않도록 주의한다.

조리과정 우동볶음

1 숙주는 거두절미하여 씻어 놓는다.

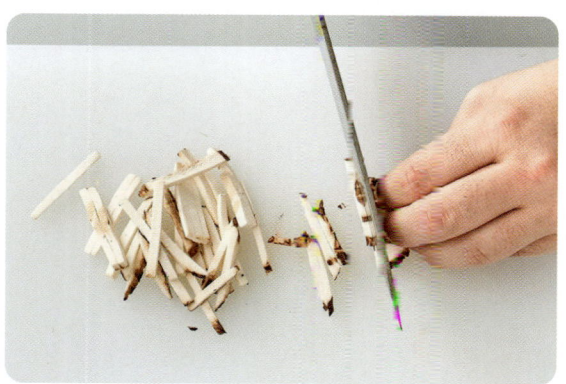

2 청피망과 양파, 당근, 생표고버섯은 4cm 크기로 채 썬다.

조리과정 우동볶음

3 새우는 내장을 제거하여 데친 후 껍질을 제거한다.

5 끓는 물에 소금을 넣은 후 면을 삶아 찬물에 헹군다.

6 팬에 식용유를 두르고 당근, 표고, 양파, 볶다가 새우, 오징어를 넣고 볶는다.

4 오징어는 내장과 껍질을 제거하고 사선으로 칼집을 넣어 4×1cm로 썰어 데친다.

7 6에 숙주, 피망을 넣고 볶다가 우동면, 간장 1T, 맛술 1T, 청주 1T 소금 약간을 넣고 볶은 후 참기름을 넣어 살짝 볶는다.

조리과정 우동볶음

8 완성 접시에 담고 가쓰오부시를 뿌려 완성한다.

면 조리

메밀국수
자루소바 ざるそば

시험시간
30분

메밀국수(자루소바)

요구사항 ※ 주어진 재료를 사용하여 다음과 같이 메밀국수를 만드시오.

가. 소바다시를 만들어 얼음으로 차게 식히시오.
나. 메밀국수는 삶아 얼음으로 차게 식혀서 사용하시오.
다. 메밀국수는 접시에 김발을 펴서 그 위에 올려내시오.
라. 김은 가늘게 채 썰어(하리노리) 메밀국수에 얹어 내시오.
마. 메밀국수, 양념(야꾸미), 소바다시를 각각 따로 담아내시오.

재료

- 메밀국수 (생면) 150g
  (건면 100g 대체 가능)
- 무 60g
- 실파 40g (2뿌리)
- 김 1/2장
- 고추냉이 10g (와사비분)
- 가다랑어포 (가쓰오부시) 10g
- 건다시마 1장 (5×10cm)
- 진간장 50mL
- 흰설탕 25g
- 청주 15mL
- 맛술 (미림) 10mL
- 각얼음 200g

만드는 법

1. 냄비에 물 2C을 올려 다시마를 넣어 끓으면 불을 끄고 다시마는 건진 후 가쓰오부시를 넣어 가라앉으면 면포에 거른다.
2. 냄비에 다시물 1C, 간장 2T, 설탕 1T, 청주 1T, 미림 1.2T를 넣어 끓인 후 그릇에 담아 얼음물 위에서 식힌다.
3. 무는 강판에 갈아 수분을 제거한 후 후지산 모양으로 만든다.
4. 실파는 0.3cm로 송송 썬다.
5. 김은 바삭하게 구워서 채 썬다.
6. 와사비는 개어서 후지산 모양으로 만든다.
7. 메밀국수는 삶아서 얼음물에 헹궈 준 후 수분을 제거하고 사리를 만들어 김발 위에 올려주고 그 위에 김 채를 올려 담는다.
8. 메밀국수와 양념(야꾸미), 소바다시를 각각 담아 함께 제출한다.

합격 point

1. 건 메밀면은 생면보다 오래 삶아야 하고 찬물에 한 가닥 넣어 익었는지 확인한다.
2. 생면은 끓는 물에 넣고 끓어오르면 찬물을 2번 넣고 건 면은 찬물을 3번 넣어 익힌다.
3. 메밀면을 어름 물에 씻어야 면발이 탱글탱글하고 쫄깃하다

조리과정 메밀국수

1 냄비에 물 2C을 올려 다시마를 넣어 끓으면 불을 끄고 다시마는 건진 후 가쓰오부시를 넣어 가라앉으면 면포에 거른다.

2 냄비에 다시물 1C, 간장 2T, 설탕 1T, 청주 1T, 미림 1/2T를 넣어 끓인 후 그릇에 담아 얼음물 위에서 식힌다.

조리과정 메밀국수

3 무는 강판에 갈아 수분을 제거한 후 후지산 모양으로 만든다.

4 실파는 0.3cm로 송송 썬다.

5 김은 바삭하게 구워서 채 썬다.

6 와사비는 개어서 후지산 모양으로 만든다.

조리과정 메밀국수

8 메밀국수와 양념(야꾸미), 소바다시를 각각 담아 함께 제출한다.

7 메밀국수는 삶아서 얼음물에 헹궈 준 후 수분을 제거하고 사리를 만들어 김발 위에 올려주고 그 위에 김 채를 올려 담는다.

구이 조리

삼치소금구이

사와라노시오야키 さわらのしおやき

시험시간 **30분**

삼치소금구이

요구사항 ※ 주어진 재료를 사용하여 다음과 같이 삼치소금구이를 만드시오.

가. 삼치는 세장 뜨기한 후 소금을 뿌려 10 ~ 20분 후 씻고 쇠꼬챙이에 끼워 구워내시오.
나. 채소는 각각 초담금 및 조림을 하시오.
다. 구이 그릇에 삼치소금구이와 곁들임을 담아 완성하시오.
라. 길이 10cm 크기로 2조각을 제출하시오.

재료

- 삼치 1/2마리 (400~450g)
- 레몬 1/4개
- 깻잎 1장
- 소금 (정제염) 30g
- 무 50g
- 우엉 60g
- 식용유 10mL
- 식초 30mL
- 건다시마 1장 (5×10cm)
- 진간장 30mL
- 흰설탕 30g
- 청주 15mL
- 흰참깨 2g (볶은 것)
- 쇠꼬챙이 3개 (30cm)
- 맛술 (미림) 10mL

만드는 법

1. 냄비에 물 1C과 다시마를 넣고 끓으면 다시마를 건져 곤부다시를 만든다.
2. 깻잎은 찬물에 담근다.
3. 삼치는 내장을 제거하고 3장 포를 떠서 칼집을 넣고 소금을 뿌린다.
4. 우엉은 칼등으로 껍질 벗겨 5cm의 젓가락 모양으로 썰어 팬에 식용유를 넣고 충분히 볶는다.
5. 4에 다시물 1/2C, 간장 1T, 설탕 1T, 맛술 2t를 넣고 윤기 나게 졸여 흰깨를 끝부분에 묻힌다.
6. 무는 높이 2cm로 썰어 가로 세로로 칼집을 넣고 물 1T, 식초 1T, 설탕 1T, 소금을 넣은 물에 절인다.
   - *tip* 무는 칼집을 간격이 좁게 넣어야 예쁘게 된다.
7. 삼치를 씻어 물기를 제거하여 소금을 뿌려 쇠꼬챙이에 식용유를 발라 끼워 살 쪽을 충분히 익힌 다음 껍질 쪽을 굽는다.
   - *tip* 삼치는 살 쪽에 60% 익히고 껍질 쪽을 익혀야 부서지지 않는다.
8. 레몬은 반달 또는 웻지 모양으로 썰고 일부는 껍질을 얇게 벗겨 곱게 다진다.
9. 절인 무를 수분을 제거하여 둥근 꽃 모양으로 만들어 다진 레몬껍질을 얹는다.
10. 완성 접시에 깻잎을 깔고 삼치구이를 담고 무 초절이, 우엉 조림, 레몬을 곁들여 완성한다.

합격 point

1. 우엉은 간장이 없을 때까지 조려야 깨가 잘 묻는다.
2. 삼치를 잘 익힌다. (속이 안 익은 경우가 많음)

조리과정 삼치소금구이

1 냄비에 물 1C과 다시마를 넣고 끓으면 다시마를 건져 곤부다시를 만든다.

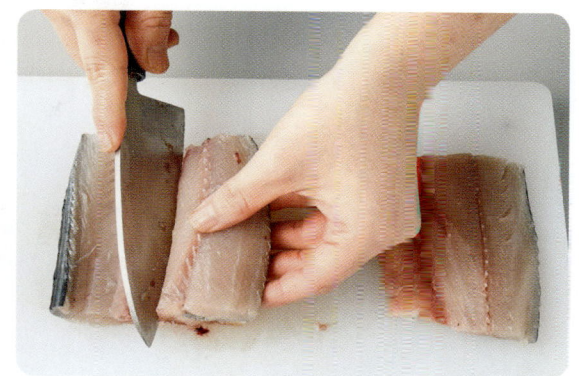

3 삼치는 내장을 제거하고 3장 포를 떠서 칼집을 넣고 소금을 뿌린다.

2 깻잎은 찬물에 담근다.

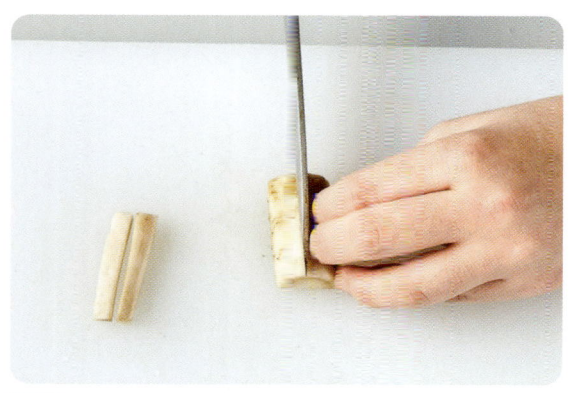

4 우엉은 칼등으로 껍질 벗겨 5cm의 젓가락 모양으로 썰어 팬에 식용유를 넣고 충분히 볶는다.

조리과정 삼치소금구이

7. 삼치를 씻어 물기를 제거하여 소금을 뿌려 쇠 꼬챙이에 식용유를 발라 끼워 살 쪽을 충분히 익힌 다음 껍질 쪽을 굽는다.

   tip 삼치는 살 쪽에 60% 익히고 껍질 쪽을 익혀야 부서지지 않는다.

5. 4에 다시물 1/2C, 간장 1T, 설탕 1T, 맛술 2t를 넣고 윤기 나게 졸여 흰깨를 끝부분에 묻힌다.

6. 무는 높이 2cm로 썰어 가로 세로로 칼집을 넣고 물 1T, 식초 1T, 설탕 1T, 소금을 넣은 물에 절인다.

   tip 무는 칼집을 간격이 좁게 넣어야 예쁘게 된다.

8. 레몬은 반달 또는 웻지 모양으로 썰고 일부는 껍질을 얇게 벗겨 곱게 다진다.

조리과정 삼치소금구이

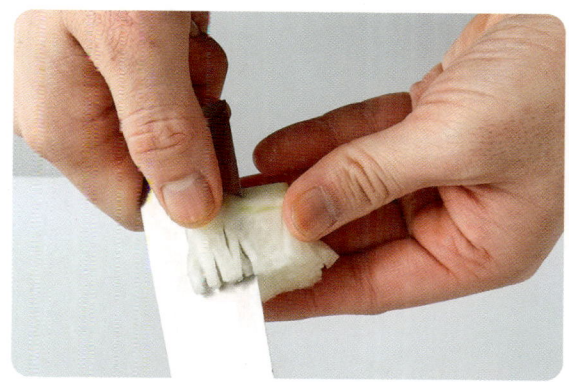

10 완성 접시에 깻잎을 깔고 삼치구이를 담고 무 초절이, 우엉 조림, 레몬을 곁들여 완성한다.

9 절인 무를 수분을 제거하여 둥근 꽃 모양으로 만들어 다진 레몬껍질을 얹는다.

구이 조리

소고기간장구이

규니쿠노테리야키 ぎゅうにくのてりやき

시험시간 **20분**

소고기간장구이

재료

- 소고기 (등심) 160g (덩어리)
- 건다시마 1장 (5×10cm)
- 통생강 30g
- 검은 후춧가루 5g
- 진간장 50mL
- 산초가루 3g
- 청주 50mL
- 소금 (정제염) 20g
- 식용유 100mL
- 흰설탕 30g
- 맛술 (미림) 50mL
- 깻잎 1장

요구사항

※ 주어진 재료를 사용하여 다음과 같이 소고기간장구이를 만드시오.

가. 양념간장(다래)과 생강채(하리쇼가)를 준비하시오.
나. 소고기를 두께 1.5cm, 길이 3cm로 자르시오.
다. 프라이팬에 구이를 한 다음 양념간장(다래)을 발라 완성하시오.

만드는 법

1. 깻잎은 찬물에 담근다.
2. 냄비에 물 1C과 다시마를 넣고 끓으면 다시마를 건져 큰술 다시를 만든다.
3. 다시물 4T, 간장 2T, 설탕 2T, 미림 2T, 청주 2T를 냄비에 넣고 반 정도 되도록 조려 양념간장(다래)을 만든다.
4. 소고기는 힘줄과 기름을 제거한 후 1.5cm 두께로 손질하여 소금, 후추로 간한다.
5. 팬에 식용유를 두르고 소고기를 넣어 50~60% 익힌다.

   tip 고기는 처음 구울 때 너무 약한 불에서 구우면 수분이 빠지므로 센불에서 겉면만 약간 색을 내고 다래 간장을 발라 구를 대는 약한 불에서 타지 않도록 굽는다.

6. 소고기에 양념간장을 발라가며 미디움(medium)으로 굽는다.
7. 생강은 가늘게 채 썰어 찬물에 담근다.

   tip 생강 채는 최대한 곱게 채 썬다.

8. 완성 접시에 깻잎을 깔고 소고기를 3cm 길이로 저며 담고 생강 채를 장식하고 소고기 위에 산초가루를 뿌려 완성한다.

합격 point

1. 소고기를 초벌구이할 때 센 불에서 색을 내고 다래소스를 넣고 약한 불에서 윤기나게 굽는다.
2. 고기의 두께와 크기를 맞추어 썰어 담는다.

조리과정 소고기간장구이

1 깻잎은 찬물에 담근다.

2 냄비에 물 1C과 다시마를 넣고 끓으면 다시마를 건져 곤부다시를 만든다.

3 다시물 4T, 간장 2T, 설탕 2T, 미림 2T, 청주 2T를 냄비에 넣고 반 정도 되도록 조려 양념 간장(다래)을 만든다.

4 소고기는 힘줄과 기름을 제거한 후 1.5cm 두께로 손질하여 소금, 후추로 간한다.

5 팬에 식용유를 두르고 소고기를 넣어 50~60% 익힌다.

tip 고기는 처음 구울 때 너무 약한 불에서 구우면 수분이 빠지므로 센불에서 겉면만 약간 색을 내고 다래 간장을 발라 구를 때는 약한 불에서 타지 않도록 굽는다.

조리과정 소고기간장구이

6 소고기에 양념간장을 발라가며 미디움(medium)으로 굽는다.

8 완성 접시에 깻잎을 깔고 소고기를 3cm 길이로 저며 담고 생강 채를 곁들이고 소고기 위에 산초가루를 뿌려 완성한다.

7 생강은 가늘게 채 썰어 찬물에 담근다.

구이 조리

전복버터구이

아와비노바타야키 あわびのバターやき

시험시간
25분

전복버터구이

요구사항 ※ 주어진 재료를 사용하여 다음과 같이 전복버터구이를 만드시오.

가. 전복은 껍질과 내장을 분리하고 칼집을 넣어 한입 크기로 어슷하게 써시오.
나. 내장은 모래주머니를 제거하고 데쳐 사용하시오.
다. 채소는 전복의 크기로 써시오.
라. 은행은 속껍질을 벗겨 사용하시오.

재료

- 전복 150g (2마리, 껍질 포함)
- 청차조기잎 (ㅅ소) 1장 (깻잎으로 대체 가능)
- 양파 1/2개 [중(150g)]
- 청피망 1/2개 [중(75g)]
- 청주 20mL
- 은행 5개 (중간 크기)
- 버터 20g
- 검은 후춧가루 2g
- 소금 (정제염) 5g
- 식용유 30mL

만드는 법

1. 시소(깻잎)은 찬물에 담근다.
2. 양파, 청피망은 한입 크기로 썬다.
   tip 3×3cm 정도가 적당하다.
3. 은행은 물에 삶아서 체에 넣고 국자로 돌려가며 껍질을 벗긴다.
4. 전복은 소금으로 문질러 세척한 후 내장과 몸통을 분리한다.
5. 내장에 모래주머니를 제거하여 데친다.
6. 몸통은 항문과 이빨을 제거하여 칼집을 넣어 0.3cm 두께 3~4cm 크기로 썬다.
7. 팬에 식용유를 두르고 양파, 전복을 넣고 볶은 후 내장, 청주를 넣고 볶다가 버터, 피망, 은행을 넣어 볶아준 다음 소금, 후춧가루로 간한다.
8. 완성 접시에 깻잎을 깐 후 전복버터구이를 담아 완성한다.

합격 point

1. 전복은 살과 내장을 분리하고 내장이 터지지 않도록 주의한다.
2. 전복 내장의 모래주머니를 꼭 제거하여 익을 때까지 데친다.
3. 버터를 처음부터 넣으면 발열점이 낮아서 색이 나쁘게 된다.

조리과정 전복버터구이

1 시소(깻잎)은 찬물에 담근다.

3 은행은 물에 삶아서 체에 넣고 국자로 돌려가며 껍질을 벗긴다.

4 전복은 소금으로 문질러 세척한 후 내장과 몸통을 분리한다.

2 양파, 청피망은 한입 크기로 썬다.
tip 3×3cm 정도가 적당하다.

5 내장에 모래주머니를 제거하여 데친다.

조리과정 전복버터구이

6 몸통은 항문과 이빨을 제거하여 칼집을 넣어 0.3cm 두께 3~4cm 크기로 썬다.

7 팬에 식용유를 두르고 양파, 전복을 넣고 녹은 후 내장, 청주를 넣고 볶다가 버터, 피망, 은행을 넣어 볶아준 다음 소금, 후춧가루로 간한다.

8 완성 접시에 깻잎을 깐 후 전복버터구이를 담아 완성한다.

구이 조리

달걀말이
다시마키타마고 だしまきたまご

시험시간
25분

달걀말이

재료

- 달걀 6개
- 흰설탕 20g
- 건다시마 1장 (5×10cm)
- 소금 (정제염) 10g
- 식용유 50mL
- 가다랑어포 (가쓰오부시) 10g
- 맛술 (미림) 20mL
- 무 100g
- 진간장 30mL
- 청차조기잎 (시소) 2장
  (깻잎으로 대체 가능)

요구사항
※ 주어진 재료를 사용하여 다음과 같이 달걀말이를 만드시오.

가. 달걀과 가다랑어국물(가쓰오다시), 소금, 설탕, 맛술(미림)을 섞은 후 체에 걸러 사용하시오.
나. 젓가락을 사용하여 달걀말이를 한 후 김발을 이용하여 사각모양을 만드시오. (단, 달걀을 말 때 주걱이나 손을 사용할 경우 감점 처리됩니다.)
다. 길이 8cm, 높이 2.5cm, 두께 1cm로 썰어 8개를 만들고, 완성되었을 때 틈새가 없도록 하시오.
라. 달걀말이(다시마키)와 간장무즙을 접시에 보기 좋게 담아내시오.

만드는 법

1. 냄비에 물 1C을 올려 다시마를 넣어 끓여주고 물이 끓으면 불을 끄고 다시마는 건진 후 가쓰오부시를 넣어 가라앉으면 면포에 거른다.
2. 달걀, 가쓰오다시 2T, 소금 1/3t, 설탕 1T, 맛술 1T를 풀어서 체에 내린다.
3. 달걀말이 팬에 기름을 두른 후 키친타월로 기름을 닦아주고 1/2C씩 부어 처음에 5cm 넓이로 접어 달걀말이를 만든다.
   - tip 처음에 1/2C 씩 부어 5cm로 접어야 달걀말이 폭이 8cm로 만들 수 있다.
   - tip 온도가 높으면 부풀어 기포가 생긴다.
   - tip 작은 그릇에 식용유를 따라 놓고 키친타월로 사용 팬에 기름을 바르면서 한다.
4. 달걀말이를 김발에 올려 4각형 모양으로 잡아 길이 8cm, 높이 2.5cm, 두께 1cm로 8개 썬다.
5. 무는 강판에 갈아 물에 헹구어 수분을 제거 후 후지산 모양을 만들고 간장을 끼얹는다.
6. 접시에 청차조기잎을 깔고 달걀말이와 간장무를 올려 담는다.

합격 point

1. 기름이 많거나 온도가 높으면 기포가 생기고 썰었을 때 매끄럽지 않게 된다.
2. 다시국물은 식혀서 넣는다.
3. 달걀말이 할 때 반드시 젓가락으로단 사용한다.
4. 다시국물을 많이 넣으면 말기가 힘들다.

조리과정 달걀말이

1 냄비에 물 1C을 올려 다시마를 넣어 끓여주고 물이 끓으면 불을 끄고 다시마는 건진 후 가쓰오부시를 넣어 가라앉으면 면포에 거른다.

2 달걀, 가쓰오다시 2T, 소금 1/3t, 설탕 1T, 맛술 1T를 풀어서 체에 내린다.

조리과정 달걀말이

3 달걀말이 팬에 기름을 두른 후 키친타월로 기름을 닦아주고 1/2C씩 부어 처음에 5cm 넓이로 접어 달걀말이를 만든다.

- tip 처음에 1/2C 씩 부어 5cm로 접어야 달걀말이 폭이 8cm로 만들 수 있다.
- tip 온도가 높으면 부풀어 기포가 생긴다.
- tip 작은 그릇에 식용유를 따라 놓고 키친타월로 사각팬에 기름을 바르면서 한다.

4 달걀말이를 김발에 올려 4각형 모양으로 잡아 길이 8cm, 높이 2.5cm, 두께 1cm로 8개 썬다.

5 무는 강판에 갈아 물에 헹구거 물을 제거 후 후지산 모양을 만들어 간장을 끼 얹는다.

6 접시에 청차조기잎을 깔고 달걀말이와 간장무를 올려 담는다.

찜 조리

도미술찜
타이노사카무시 たいのさかむし

시험시간 **30분**

도미술찜

요구사항 ※ 주어진 재료를 사용하여 다음과 같이 도미술찜을 만드시오.

가. 머리는 반으로 자르고, 몸통은 세장뜨기 하시오.
나. 손질한 도미살을 5~6cm로 자르고 소금을 뿌려, 머리와 꼬리는 데친 후 불순물을 제거하시오.
다. 청주를 섞은 다시(국물)에 쪄내시오.
라. 당근은 매화꽃, 무는 은행잎 모양으로 만들어 익혀내시오.
마. 초간장(폰즈)과 양념(야꾸미)을 만들어 내시오.

재료

- 도미 1마리 (200~250g)
- 배추 50g
- 당근 60g (둥근 모양으로 잘라서 지급)
- 무 50g
- 판두부 50g
- 생표고버섯 1개 (20g)
- 죽순 20g
- 쑥갓 20g
- 레몬 1/4개
- 청주 30mL
- 건다시마 1장 (5×10cm)
- 진간장 30mL
- 식초 30mL
- 고춧가루 2g (고운 것)
- 실파 20g (1뿌리)
- 소금 (정제염) 5g

만드는 법

1. 냄비에 물 1C과 다시마를 넣어 끓으면 다시마를 건져 곤부다시를 만든다.
2. 쑥갓잎 일부는 찬물에 담근다.
3. 당근은 매화꽃, 무는 은행잎 모양으로 만든다.
4. 생표고버섯은 별 모양 무늬를 낸 다음 당근, 무와 함께 데친다.
5. 죽순은 빗살무늬를 살려 편 썰어주고 데친다.
6. 쑥갓 줄기와 배추를 데친 후 김발로 말아 5cm 길이로 어슷하게 썬다.
7. 두부는 4×2×2cm 정도로 썬다.
8. 도미는 아가미와 내장을 제거한다.
9. 머리, 몸통, 꼬리로 3등분하고, 머리는 반 가르고 몸통은 3장 뜨기를 해주고, 꼬리는 칼집을 넣어 소금을 뿌려 데친다.
10. 모든 재료를 찜 그릇에 담은 후 다시물 2T, 청주 2T, 소금 약간을 넣고 호일로 덮은 후 냄비에 중탕으로 익힌 다음 쑥갓을 올린다.
11. 다시물 1T, 식초 1T, 간장 1T를 섞어 폰즈를 만든다.
12. 무는 강판에 갈아 고춧가루 물을 들여 후지산 모양으로 만들고, 실파는 송송 썰어주고, 레몬은 반달 모양으로 썰어 곁들여 담아 완성한다.

합격 point

1. 도미 손질하는 과정을 순서대로 잘 숙지한다.
2. 몸통은 3장 포를 떠서 데칠 때 체에 놓고 수저나 국자로 눌러 말리지 않게 데친다.

조리과정 도미술찜

1 냄비에 물 1C과 다시마를 넣어 끓으면 다시마를 건져 곤부다시를 만든다.

3 당근은 매화꽃, 무는 은행잎 모양으로 만든다.

2 쑥갓잎은 일부는 찬물에 담근다.

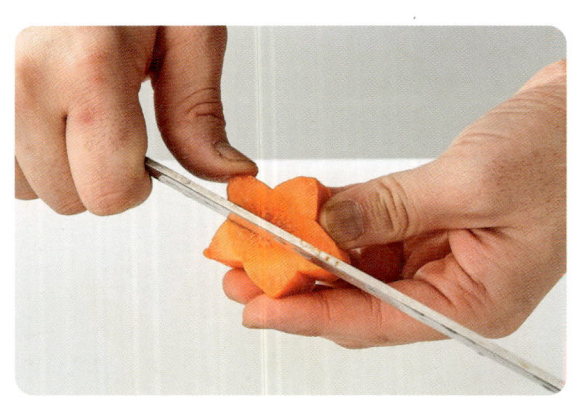

4 생표고버섯은 별 모양 무늬를 낸 다음 당근, 무와 함께 데친다.

조리과정 도미술찜

5 죽순은 빗살무늬를 살려 편 썰어주고 데친다.

6 쑥갓 줄기와 배추를 데친 후 김발로 말아 5cm 길이로 어슷하게 썬다.

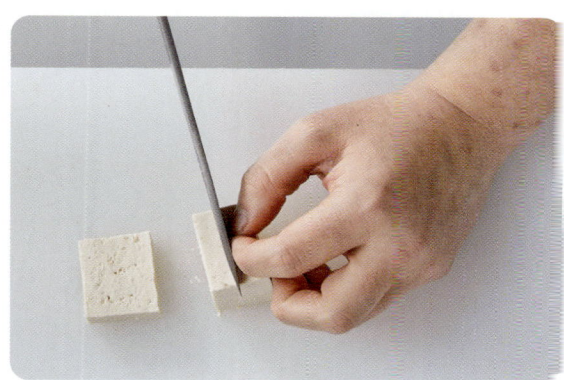

7 두부는 4×2×2cm 정도로 썬다.

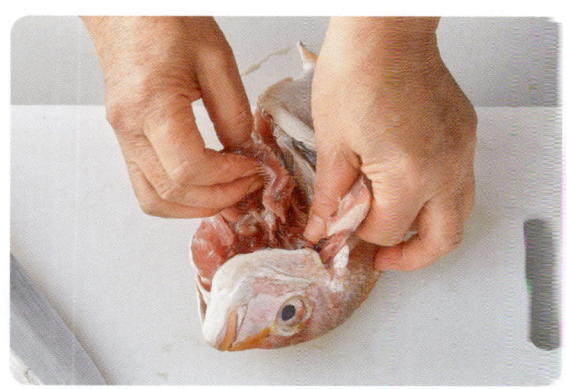

8 도미는 아가미와 내장을 제거한다.

조리과정 도미술찜

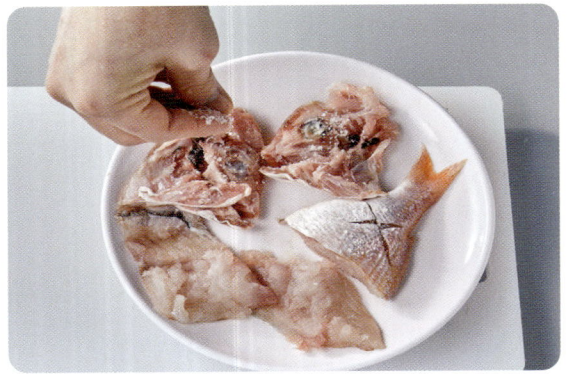

9 머리, 몸통, 꼬리로 3 등분하고, 머리는 반 가르고 몸통은 3장 뜨기를 해주고, 꼬리는 칼집을 넣어 소금을 뿌려 데친다.

10 모든 재료를 찜 그릇에 담은 후 다시물 2T, 청주 2T, 소금 약간을 넣고 호일로 덮은 후 냄비에 중탕으로 익힌 다음 쑥갓을 올린다.

조리과정 도미술찜

11 다시물 1T, 식초 1T, 간장 1T를 섞어 폰즈를 만든다.

12 무는 강판에 갈아 고춧가루 물을 들여 후지 모양으로 만들고, 실파는 송송 썰어주고, 레몬은 반달 모양으로 썰어 곁들여 담아 완성한다.

찜 조리

달걀찜

차완무시 ちゃわんむし

시험시간 **30분**

달걀찜

요구사항 ※ 주어진 재료를 사용하여 다음과 같이 달걀찜을 만드시오.

가. 은행은 삶고, 밤은 구워서 사용하시오.
나. 간장으로 밑간한 닭고기와 나머지 재료는 1cm 크기로 썰어 데쳐서 사용하시오.
다. 가다랑어포로 다시(국물)를 만들어 식혀서 달걀과 섞으시오.
라. 레몬껍질과 쑥갓을 올려 마무리하시오.

재료

- 달걀 1개
- 새우 1마리 (약 6~7cm)
- 어묵 15g (판어묵)
- 생표고버섯 1/2개 (10g)
- 밤 1/2개
- 가다랑어포 (가쓰오부시) 10g
- 닭고기살 20g
- 은행 2개 (겉껍질 깐 것)
- 흰생선살 20g
- 쑥갓 10g
- 진간장 10mL
- 소금(정제염) 5g
- 청주 10mL
- 레몬 1/4개
- 죽순 10g
- 건다시마 1장 (5×10cm)
- 이쑤시개 1개
- 맛술 (미림) 10mL

만드는 법

1. 냄비에 물 1C을 올려 다시마를 넣어 끓여주고 물이 끓으면 불을 끄고 다시마는 건진 후 가쓰오부시를 넣어 가라앉으면 면포에 거른다.
2. 쑥갓은 찬물에 담근다.
3. 생표고버섯, 죽순, 어묵은 사방 1cm로 주사위 모양으로 썰어 데친다.
4. 밤은 쇠꼬챙이에 끼워 구운 후 1×1 주사위 모양으로 썬다.
5. 은행은 데쳐서 껍질을 제거한다.
6. 새우는 내장 제거 후 데쳐서 머리를 제거한다.
7. 생선살은 사방 1cm로 썰어 청주, 소금으로 간한 후 데친다.
8. 닭고기살은 사방 1cm로 썰어 청주, 간장으로 간한 후 데친다.
9. 레몬은 오리발 만든다.
10. 달걀, 가쓰오다시 2/3C, 청주1t, 맛술1t, 소금을 풀어 체에 내린다
11. 그릇에 생표고, 밤, 죽순, 은행, 새우, 생선살, 닭고기살을 담고 달걀물을 붓는다.
12. 약한 불에서 중탕한 후 달걀이 다 익으면 레몬과 쑥갓을 올려 1분간 뜸 들인 후 완성한다.

tip 센 불에서 찌면 부풀어 오르므로 온도 조절과 시간을 잘 조절한다.
tip 오랜 시간 익히거나 다시물을 조금 넣으면 부드럽지 않게 된다.

합격 point
1. 다시 국물은 꼭 식혀서 사용한다.
2. 재료를 일정한 크기로 썬다.
3. 오랜 시간 익히거나 가쓰오다시 국물을 조금 넣으면 부드럽지 않게 된다.

조리과정 달걀찜

1 냄비에 물 1C을 올려 다시마를 넣어 끓여주고 물이 끓으면 불을 끄고 다시마는 건진 후 가쓰오부시를 넣어 가라앉으면 면포에 거른다.

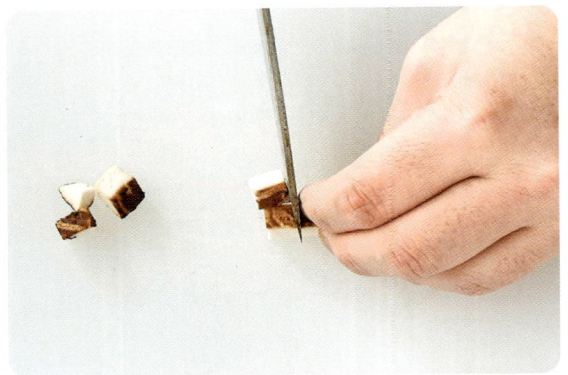

3 생표고버섯, 죽순, 어묵은 사방 1cm로 주사위 모양으로 썰어 데친다.

2 쑥갓은 찬물에 담근다.

조리과정 달걀찜

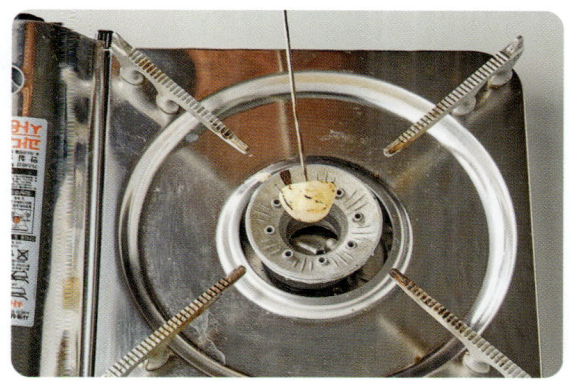

4 밤은 쇠꼬챙이에 끼워 구운 후 1×1 주사위 모양으로 썬다.

6 새우는 내장 제거 후 데쳐서 머리를 제거한다.

5 은행은 데쳐서 껍질을 제거한다.

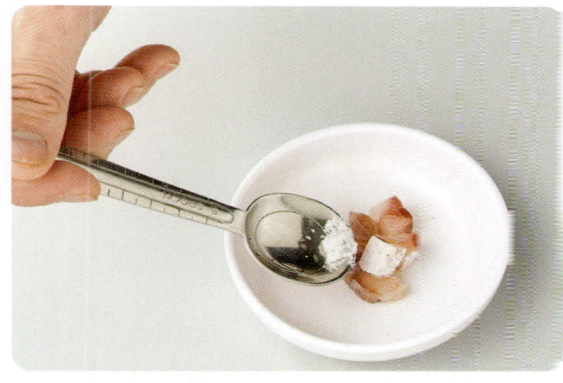

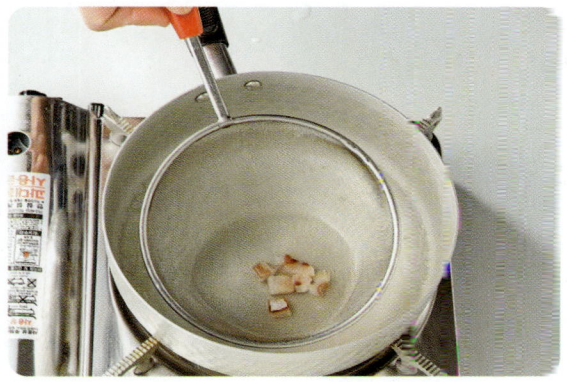

7 생선살은 사방 1cm로 썰어 청주, 소금으로 간한 후 데친다.

조리과정 달걀찜

8 닭고기살은 사방 1cm로 썰어 청주, 간장으로 간한 후 데친다.

10 달걀, 가쓰오다시 2/3C, 청주1t, 맛술1t, 소금을 풀어 체에 내린다.

9 레몬은 오리발 만든다.

조리과정 달걀찜

11 그릇에 생표고, 밤, 죽순, 은행, 새우, 생선살, 닭고기살을 담고 달걀물을 붓는다.

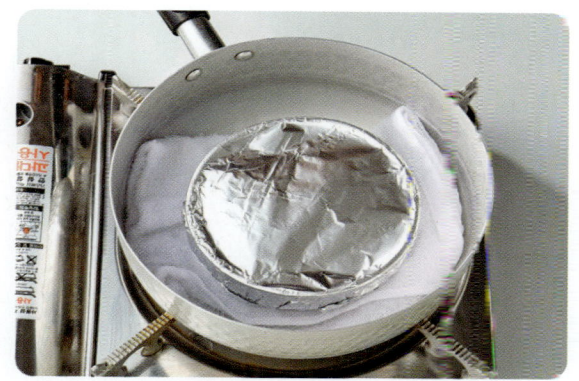

12 약한 불에서 중탕한 후 달걀이 다 익으면 레몬과 쑥갓을 올려 1분간 뜸 들인 후 완성한다.

tip 센 불에서 찌면 부풀어 오르므로 온도 조절과 시간을 잘 조절한다.

tip 오랜 시간 익히거나 다시물을 조금 넣으면 부드럽지 않게 된다.

롤초밥 조리

생선초밥
니기리즈시 にぎりずし

시험시간
40분

생선초밥

요구사항 ※ 주어진 재료를 사용하여 다음과 같이 생선초밥을 만드시오.

가. 각 생선류와 채소를 초밥용으로 손질하시오.
나. 초밥초(스시스)를 만들어 밥에 간하여 식히시오.
다. 곁들일 초생강을 만드시오.
라. 쥔초밥(니기리스시)을 만드시오.
마. 생선초밥은 6종류 8개를 만들어 제출하시오.
바. 간장을 곁들여 내시오.

재료

- 참치살 30g (붉은 색 참치살) (아까미)
- 광어살 50g (3×8cm 이상) (껍질 있는 것)
- 새우 1마리 (30~40g)
- 학꽁치 1/2마리 (꽁치, 전어 대체 가능)
- 도미살 30g
- 문어 50g (삶은 것)
- 밥 200g (뜨거운 밥)
- 청차조기잎 (시소) 1장 (깻잎으로 대체 가능)
- 통생강 30g
- 고추냉이 20g (와사비분)
- 식초 70mL
- 흰설탕 50g
- 소금 (정제염) 20g
- 진간장 20mL
- 대꼬챙이 1개 (10~15cm)

만드는 법

1. 냄비에 식초 3T, 설탕 2T, 소금 1t을 넣고 끓이고 밥에 2T 넣고 나무주걱으로 자르듯이 섞어 식힌다.
2. 생강은 편 썰어 데치고 헹군 후 초밥 초에 담근다.
3. 깻잎은 찬물에 담근다.
4. 와사비는 찬물에 개어준다.
5. 새우는 머리와 내장을 제거하여 꼬챙이에 꽂아 삶고 식으면 껍질을 제거한 다음 배쪽에 칼집을 넣는다.
6. 도미살은 껍질을 벗겨 소금물에 씻어 면포에 싸서 수분을 제거하여 7×2.5cm 정도로 포 뜬다.
7. 광어살은 껍질을 벗겨 소금물에 씻어 면포에 싸서 수분을 제거하여 7×2.5cm 정도로 포 뜬다.
8. 문어는 냄비에 간장 1t, 식초 1t를 넣은 물에 3분 정도 삶아 껍질을 제거하고 물결무늬로 포를 떠준다.
9. 참치는 소금물에 해동 후 면포에 싸서 수분을 제거하여 7×2.5cm 정도로 포 뜬다.
10. 꽁치는 내장을 제거하고 3장 포를 떠서 껍질과 가시를 제거 후 껍질쪽에 칼집을 넣는다.
11. 밥을 쥐고 생선에 와사비를 바른 후 밥 위에 생선을 올려 초밥을 만든다.
    tip 밥을 너무 크지 않고, 크기가 일정하게 쥐어 초밥을 만든다.
12. 완성 접시에 깻잎을 깔고 생선을 올리고 초 생강과 종지에 담은 간장을 곁들여 완성한다.

합격 point

1. 새우는 내장과 머리를 제거하여 배쪽에 꼬챙이를 끼워야 덜 구부러진다.
2. 밥이 풀어지지 않고 일정한 크기로 만든다.
3. 생선 밖으로 밥이 나오지 않도록 초밥을 만든다.
4. 생강은 최대한 얇게 썰어 데쳐서 초밥초에 담근다.

조리과정 생선초밥

3 깻잎은 찬물에 담근다.

1 냄비에 식초 3T, 설탕 2T, 소금 1t을 넣고 끓이고 밥에 2T 넣고 나무 주걱으로 자르듯이 섞어 식힌다.

2 생강은 편 썰어 데치고 헹군 후 초밥 초에 담근다.

4 와사비는 찬물에 개어준다.

조리과정 생선초밥

7 광어살은 껍질을 벗겨 소금물에 씻어 면포에 싸서 수분을 제거하여 7×2.5cm 정도로 포 뜬다.

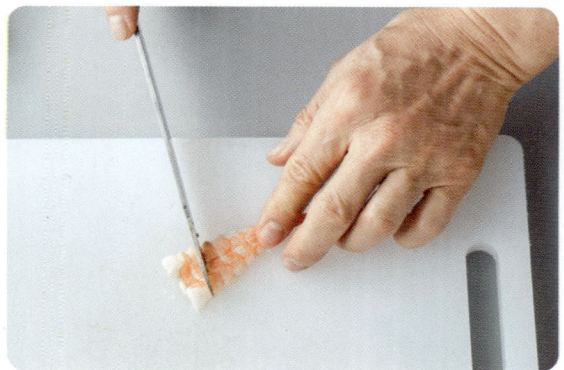

5 새우는 머리와 내장을 제거하여 꼬챙이에 꽂아 삶고 식으면 껍질을 제거한 다음 배쪽에 칼집을 넣는다.

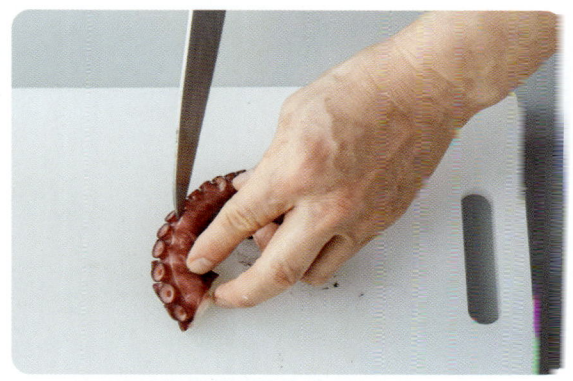

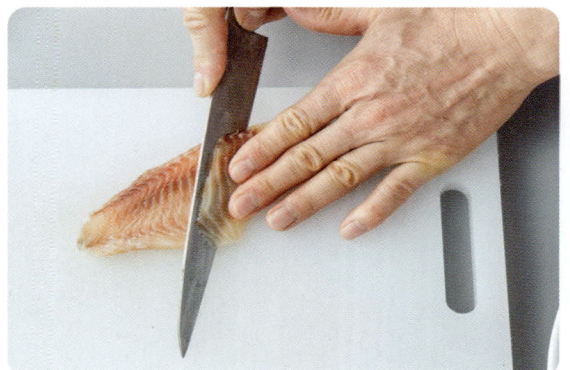

6 도미살은 껍질을 벗겨 소금물에 씻어 면포에 싸서 수분을 제거하여 7×2.5cm 정도로 포 뜬다.

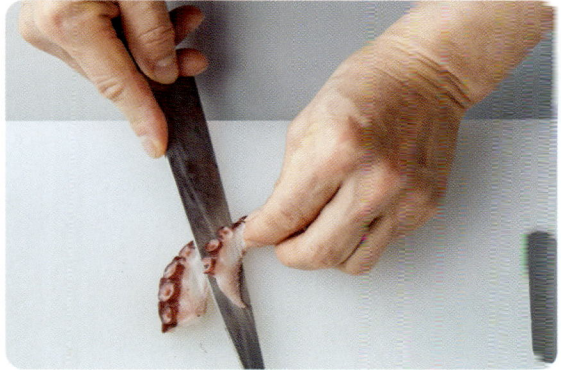

8 문어는 냄비에 간장 1t, 식초 1t를 넣은 물에 3분 정도 삶아 껍질을 제거하고 물결모양으로 포를 떠준다.

조리과정 생선초밥

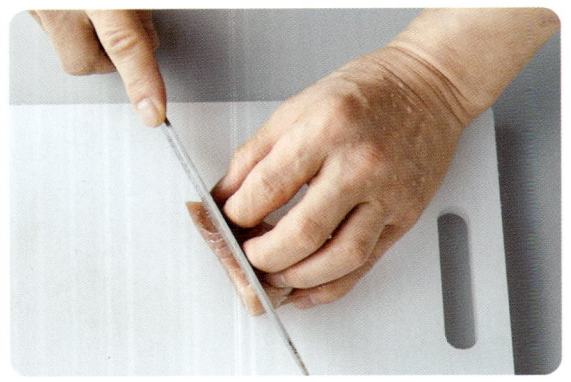

9 참치는 소금물에 해동 후 면포에 싸서 수분을 제거하여 7×2.5cm 정도로 포 뜬다.

10 꽁치는 내장을 제거하고 3장 포를 떠서 껍질과 가시를 제거 후 껍질 쪽에 칼집을 넣는다.

11 밥을 쥐고 생선에 와사비를 바른 후 밥 위에 생선을 올려 초밥을 만든다.

tip 밥을 너무 크지 않고, 크기가 일정하게 쥐어 초밥을 만든다.

12 완성 접시에 깻잎을 깔고 생선을 올리고 초생강과 종지에 담은 간장을 곁들여 완성한다.

롤초밥 조리

참치김초밥

뎃카마키 てっかまき

시험시간
20분

참치김초밥

요구사항   ※ 주어진 재료를 사용하여 다음과 같이 참치김초밥을 만드시오.

가. 김을 반장으로 자르고, 눅눅하거나 구워지지 않은 김은 구워 사용하시오.
나. 고추냉이와 초생강을 만드시오.
다. 초밥 2줄은 일정한 크기 12개로 잘라 내시오.
라. 간장을 곁들여 내시오.

재료

- 참치살 100g (붉은색 참치살) (아까미)
- 고추냉이 15g (와사비분)
- 청차조기잎 (시소) 1장 (깻잎으로 대체 가능)
- 김 1장 (초밥김)
- 밥 120g (뜨거운 밥)
- 통생강 20g
- 식초 70mL
- 흰설탕 50g
- 소금 (정제염) 20g
- 진간장 10mL

만드는 법

1. 깻잎 찬물에 담근다.
2. 식초 3T, 설탕 2T, 소금 1t를 넣어 냄비에 끓인 후 밥에 1.5T 넣어 나무 주걱으로 자르듯이 섞어 식힌다.
3. 생강은 얇게 편 썰어 끓는 물에 데친 후 헹궈서 초밥 초에 담궈 초 생강을 만든다.
4. 참치는 소금물에 해동하여 면포에 싸서 수분을 제거하고 1.5cm 두께로 길게 잘라준다.
5. 와사비는 찬물에 개어준다.
6. 김은 구워서 반으로 잘라준다.
7. 김 1/2등분에 밥을 4/5 정도 얇게 편 후 와사비, 참치 순서로 말아준다. (2줄)
8. 김초밥은 일정한 크기로 12쪽으로 썰어 깻잎을 깐 접시에 담아준다.
9. 초 생강은 꽃 모양으로 돌돌 말아 김초밥과 담는다.
10. 종지에 간장 곁들여서 제출한다.

합격 point

1. 생강은 최대한 얇게 썰어 데쳐서 초밥초에 담군다.
2. 밥을 일정한 높이로 편 다음 참치가 중앙에 오도록 말아 썰어 담는다.

조리과정 참치김초밥

1 깻잎 찬물에 담근다.

3 생강은 얇게 편 썰어 끓는 물에 데친 후 훔쳐서 초밥 초에 담궈 초 생강을 담든다.

2 식초 3T, 설탕 2T, 소금 1t를 넣어 냄비에 끓인 후 밥에 1.5T 넣어 나무 주걱으로 자르듯이 섞어 식힌다.

조리과정 참치김초밥

5 와사비는 찬물에 개어준다.

4 참치는 소금물에 해동하여 면포에 싸서 수분을 제거하고 1.5cm 두께로 길게 잘라준다.

6 김은 구워서 반으로 잘라준다.

조리과정 참치김초밥

7 김 1/2등분에 밥을 4/5 정도 얇게 편 후 와사비, 참치 순서로 말아 준다.(2줄)

9 초 생강은 꽃 모양으로 돌돌 말다 김초밥 담는다.

8 김초밥은 일정한 크기로 12쪽으로 썰어 깻잎을 깐 접시에 담아준다.

10 종지에 간장 곁들여서 제출한다.

롤초밥 조리

김초밥
마키즈시 まきずし

시험시간 **25분**

김초밥

재료

- 김 1장 (초밥김)
- 밥 200g (뜨거운 밥)
- 달걀 2개
- 박고지 10g
- 통생강 30g
- 청차조기잎 (시소) 1장
  (깻잎으로 대체 가능)
- 오이 1/4개
  (가늘고 곧은 것, 길이 20cm)
- 오보로 10g
- 식초 70mL
- 흰설탕 50g
- 소금 (정제염) 20g
- 식용유 10mL
- 진간장 20mL
- 맛술 (미림) 10mL

요구사항

※ 주어진 재료를 사용하여 다음과 같이 김초밥을 만드시오.

가. 박고지, 달걀말이, 오이 등 김초밥 속재료를 만드시오.
나. 초밥초를 만들어 밥에 간하여 식히시오.
다. 김초밥은 일정한 두께와 크기로 8등분하여 담으시오.
라. 간장을 곁들여 제출하시오.

만드는 법

1. 냄비에 식초 3T, 설탕 2T, 소금 1t를 넣어 끓여 배합초를 만들고, 밥에 2T 넣어 나무 주걱으로 자르듯이 섞어 식힌다.
2. 생강은 편 썰어 데친 후 헹구어 초밥 초에 담가 꽃 모양을 만든다.
3. 오이는 씨를 제거하여 1cm 두께로 썰어 소금을 뿌린다.
4. 박고지는 물에 불려 끓은 물에 삶아 간장 1T, 맛술 1T, 설탕 1T, 물 1/2C을 넣고 졸인다.
5. 달걀은 소금, 설탕, 맛술을 약간씩 넣어 풀어준 다음 달걀말이를 하여 1cm 두께로 길게 자른다.
6. 김발에 김을 놓고 초밥을 편 다음 오이, 달걀말이, 오보로, 박고지를 넣어 말아준 다음 8등분으로 썬다.
7. 완성 접시에 깻잎과 초 생강을 올리고 김밥을 올려 종지에 간장을 담아 같이 곁들여서 완성한다.

합격 point

1. 박고지를 잘 불려서 국물이 없을 때까지 조린다.
2. 김밥 속 재료가 정 중앙에 오도록 말아 썰어 담는다.
3. 김밥 높이는 3cm 정도 되게 썰어 담는다.

조리과정 김초밥

1 냄비에 식초 3T, 설탕 2T, 소금 1t를 넣어 끓여 배합초를 만들고, 밥에 2T 넣어 나무 주걱으로 자르듯이 섞어 식힌다.

2 생강은 편 썰어 데친 후 헹구어 초밥 초에 담가 꽃 모양을 만든다.

조리과정 김초밥

3 오이는 씨를 제거하여 1cm 두께로 썰어 소금을 뿌린다.

4 박고지는 물에 불려 끓은 물에 삶아 간장 1T, 맛술 1T, 설탕 1T, 물 1/2C을 넣고 졸인다.

5 달걀은 소금, 설탕, 맛술을 약간씩 넣어 풀어 준 다음 달걀말이를 하여 1cm 두께로 길이 자른다.

조리과정 김초밥

7. 완성 접시에 깻잎과 초 생강을 올리고 김밥을 올려 종지에 간장을 담아 같이 곁들여서 완성한다.

6. 김발에 김을 놓고 초밥을 편 다음 오이, 달걀말이, 오보로, 박고지를 넣어 말아준 다음 8등분으로 썬다.

복어조리기능사
실기

복어조리기능사 요구사항 및 수험자 유의사항

요구사항 ※ 위생과 안전에 유의하고, 지급된 재료 및 시설을 이용하여 아래 작업을 완성하시오.

가. **[1과제]** 제시된 복어 부위별 사진을 보고 1분 이내에 부위별 명칭을 답안지의 네모칸 안에 작성하여 제출하시오.
나. **[2과제]** 소제와 제독작업을 철저히 하여 **복어회, 복어껍질초회, 복어죽**을 만드시오.
　1) 복어의 겉껍질과 속껍질을 분리하여 손질하고 가시는 제거하시오.
　2) 회는 얇게 포를 떠 국화꽃 모양으로 돌려 담고, 지느러미·껍질·미나리를 곁들이고, 초간장(폰즈)과 양념(야쿠미)을 따로 담아내시오.
　3) 복어껍질초회는 껍질, 미나리를 4cm 길이로 썰어 폰즈, 실파·빨간무즙(모미지오로시)을 사용하여 무쳐내시오.
　4) 죽은 밥을 씻어 사용하고, 살은 가늘게 채 썰거나 뼈에 붙은 살을 발라내어 사용하고, 당근·표고버섯은 다지고, 뼈와 다시마로 다시를 만들고, 달걀은 완성 전에 넣어 섞어주고, 실파와 채 썬 김을 얹어 완성하시오.

수험자 유의사항

1. 만드는 순서에 유의하며, 위생과 숙련된 기능평가를 위하여 조리작업 시 맛을 보지 않습니다.
2. 지정된 수험자지참준비물 이외의 조리기구나 재료를 시험장 내에 지참할 수 없습니다.
3. 지급재료는 시험 전 확인하여 이상이 있을 경우 시험위원으로부터 조치를 받고 시험 중에는 재료의 교환 및 추가지급은 하지 않습니다.
4. 요구사항 및 지급재료의 규격은 "정도"의 의미를 포함하며, 재료의 크기에 따라 가감하여 채점됩니다.
5. 위생복, 위생모, 앞치마, 마스크를 착용하여야 하며, 시험장비·조리기구 취급 등 안전에 유의합니다.
6. 다음 사항은 실격에 해당하여 채점 대상에서 제외됩니다.
　가) 수험자 본인이 시험 도중 시험에 대한 포기 의사를 표현하는 경우
　나) 위생복, 위생모, 앞치마, 마스크를 착용하지 않은 경우
　다) 시험시간 내에 과제 세 가지를 제출하지 못한 경우
　라) 독제거 작업과 작업 후 안전처리가 완전하지 않은 경우
　마) 완성품을 요구사항의 과제(요리)가 아닌 다른 요리(예, 복어회→복어초밥)로 만든 경우
　바) 불을 사용하여 만든 조리작품이 작품특성에 벗어나는 정도로 타거나 익지 않은 경우
　사) 지정된 수험자지참준비물 이외의 조리기술에 영향을 줄 수 있는 기구를 사용한 경우
　아) 가스레인지 화구 2개 이상(2개 포함) 사용한 경우
　자) 시험 중 시설·장비(칼, 가스레인지 등) 사용 시 시험위원 및 타수험자의 시험 진행에 위해를 일으킬 것으로 시험위원 전원이 합의하여 판단한 경우
　차) 부정행위에 해당하는 경우
7. 항목별 배점은 위생상태 및 안전관리 10점, 복어부위감별 5점, 조리기술 70점, 작품의 평가 15점입니다.
8. 제1과제 복어부위감별 작성시 비번호 및 답안작성은 검은색 필기구만 사용하여야 하며, 그 외 연필류, 유색 필기구, 지워지는 펜 등의 필기구를 사용하여 작성할 경우 0점 처리되오니 불이익을 당하지 않도록 유의해 주시기 바라며, 답안 정정 시에는 정정하고자 하는 단어에 두 줄(=)을 긋고 다시 작성하거나 수정테이프(수정액 제외)를 사용하여 정정하시기 바랍니다.
9. 시험시작 전 가벼운 몸 풀기(스트레칭) 동작으로 긴장을 풀고 시험을 시작합니다.

복어조리기능사 재료 목록 및 제1과제 정답

지급재료목록

일련번호	재료명	규격	단위	수량	비고
1	복어	700g	마리	1	
2	무		g	100	
3	생표고버섯	중	개	1	
4	당근	곧은 것	g	50	
5	미나리	줄기부분	g	30	
6	실파	쪽파 대체 가능	g	30	2줄기
7	밥	햇반 또는 찬밥	g	100	
8	김		장	1/4	
9	달걀		개	1	
10	레몬		쪽	1/6	
11	진간장		mL	30	
12	건다시마	5×10cm	장	2	
13	소금	정제염	g	10	
14	고춧가루	고운 것	g	5	
15	식초		mL	30	

제1과제 정답

※ 제1과제 문제(복어 부위 명칭)는 한국산업인력공단 국가자격시험 홈페이지(큐넷 검색)를 참고하시오.

1 안구	2 아가미	3 심장
4 신장	5 부레	6 비장
7 간장	8 위장	9 쓸개(담낭)
10 방광	11 정소	

복어 손질

1. 복어를 소금을 뿌려 문질러 씻는다.
2. 복어의 머리 쪽이 나와 마주 보게 놓고 한쪽 지느러미를 자르고 돌려놓고 반대쪽 지느러미를 자른다.
3. 양옆 지느러미를 소금에 비벼 씻어 칼집을 넣어 더듬이를 만들어 접시나 호일에 펼쳐서 나비 모양을 만들어 불 옆에 놓고 말려 놓는다.
4. 등지느러미를 자른 후 배 쪽 지느러미도 자른다.
5. 입 위 코 있는 부위에서 혀가 다치지 않게 잘라 복어 주둥이를 칼 등으로 쳐서 벌어지게 한 후 윗니 사이에 칼을 넣어 잘라 소금에 비벼 씻어 물에 담근다.
6. 껍질 양쪽 부분에 칼집을 넣은 후 칼등으로 꼬리를 바닥에 닿게 누른 후 등 쪽 꼬리에서 머리 쪽으로 껍질을 잡아당겨 벗기고 뒤집어 배 쪽도 같은 방법으로 껍질을 벗긴다.
7. 껍질을 벗겨낸 복어의 양쪽 머리뼈와 아가미 사이에 칼집을 넣고 칼로 머리 부분을 누른 상태에서 내장을 들어 올려 꺼낸다.
8. 눈은 안쪽에 손가락을 밀어 넣어 밖으로 눈이 돌출되게 한 후 터지지 않도록 주의하여 꺼낸다.
9. 복어의 머리를 잘라내고 다시 반으로 자른다.
10. 머리뼈 속의 불순물을 제거한다.
11. 배꼽 살 양쪽에 칼집을 넣은 후 배꼽 살을 떼어낸다.
12. 복어 몸통을 3장 뜨기한 후 뼈는 5cm로 잘라 칼집을 넣어 찬물에 담근다.
13. 복어 살에 붙은 얇은 속껍질을 사시미 칼을 사용하여 제거한다.(나무 도마를 사용하면 밀착이 잘 되어서 편하다)
14. 복어를 연한 소금물에 담가 제독하고 물기를 제거한 후 마른 면포에 감싸 최대한 수분을 제거한다.
15. 혀와 아가미 사이에 칼집을 넣고 당겨서 내장을 분리한다.
16. 갈비뼈를 반으로 잘라 불순물을 제거하여 물에 담근다.
17. 대바칼로 껍질 안쪽의 점막을 긁어내어 속껍질을 제거한다.
18. 겉껍질의 안쪽이 도마에 닿게 펼쳐 머리 부분에 칼집을 넣은 후 도마에 밀착시켜 가시를 제거한 후 찬물에 담근다.(가시와 껍질 사이를 지나가듯이 사시미칼을 위아래로 움직여 가시를 제거)

복어 손질

1 복어를 소금을 뿌려 문질러 씻는다.

3 양옆 지느러미를 소금에 비벼 씻어 칼집을 넣어 더듬이를 만들어 접시나 호일에 덜쳐 나비 모양을 만들어 불 옆에 놓고 말려 놓는다.

2 복어의 머리 쪽이 나와 마주 보게 놓고 한쪽 지느러미를 자르고 돌려놓고 반대쪽 지느러미를 자른다.

복어 손질

4 등지느러미를 자른 후 배 쪽 지느러미도 자른다.

복어 손질

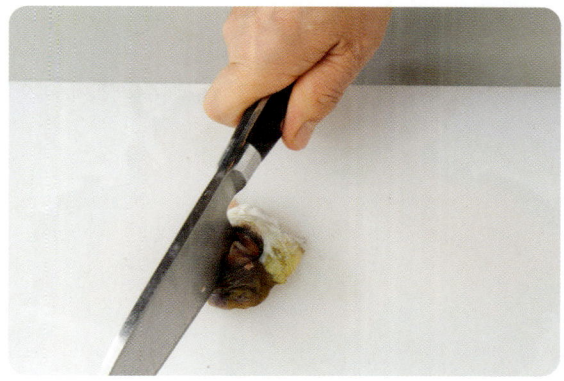

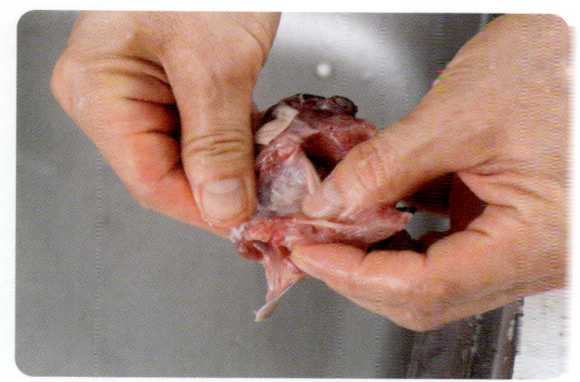

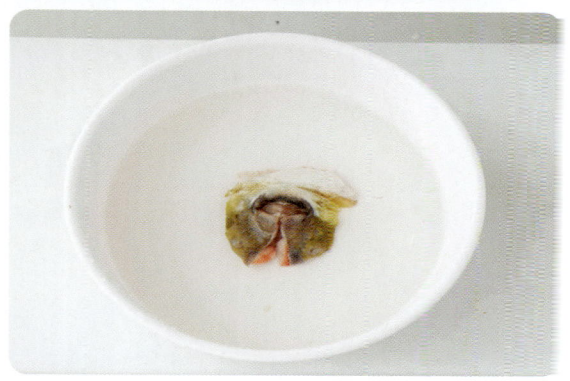

5 입 위 코 있는 부위에서 혀가 다치지 않게 잘라 복어 주둥이를 칼 등으로 쳐서 벌어지게 한 후 윗니 사이에 칼을 넣어 잘라 소금으로 비벼 씻어 물에 담근다.

복어 손질

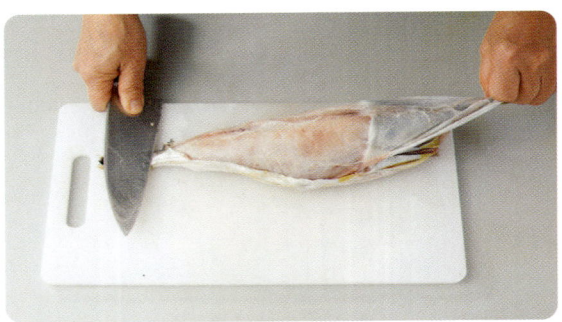

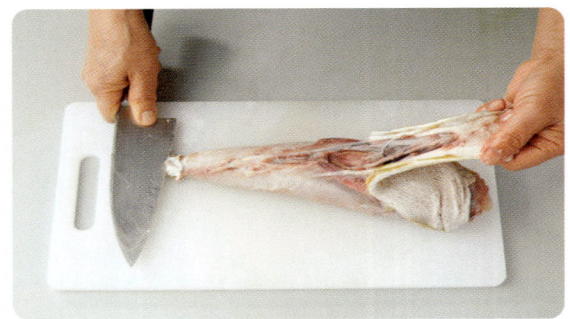

6 껍질 양쪽 부분에 칼집을 넣은 후 칼등으로 꼬리를 바닥에 닿게 누른 후 등 쪽 꼬리에서 머리 쪽으로 껍질을 잡아당겨 벗기고 뒤집어 배 쪽도 같은 방법으로 껍질을 벗긴다.

복어 손질

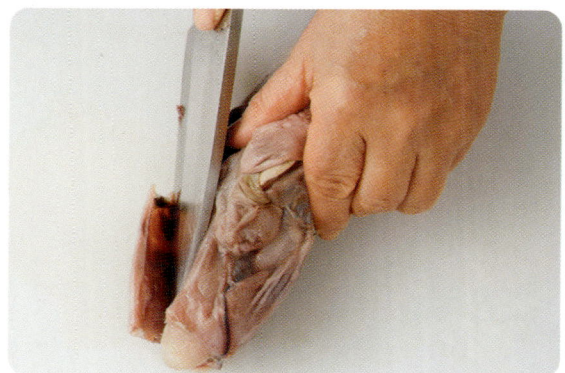

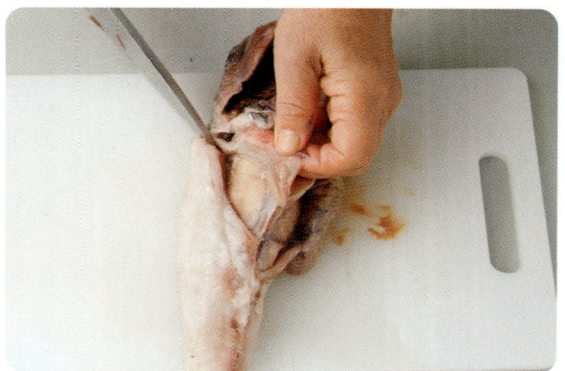

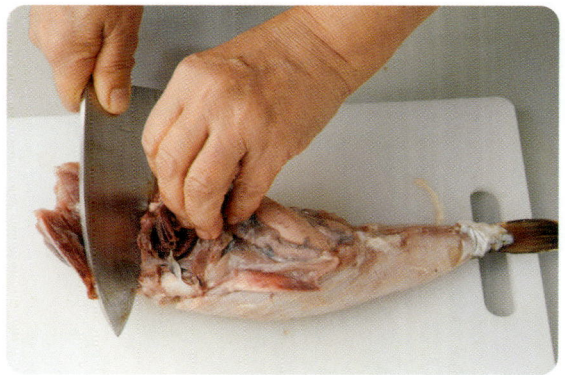

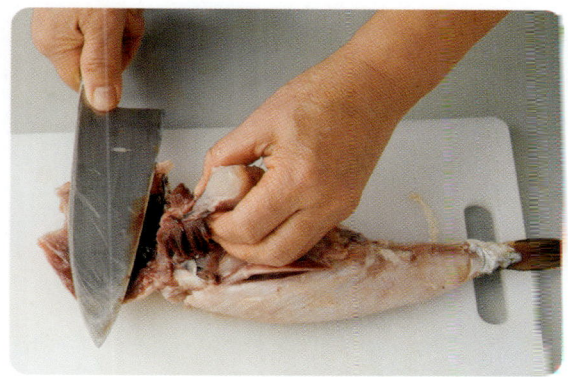

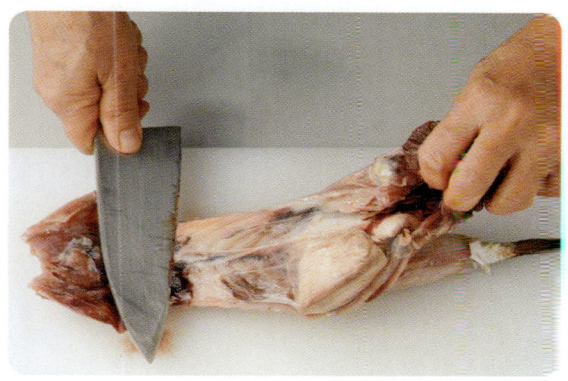

7 껍질을 벗겨낸 복어의 양쪽 머리뼈와 아가미 사이에 칼집을 넣고 칼로 머리 부분을 누른 상태에서 내장을 들어 올려 꺼낸다.

복어 손질

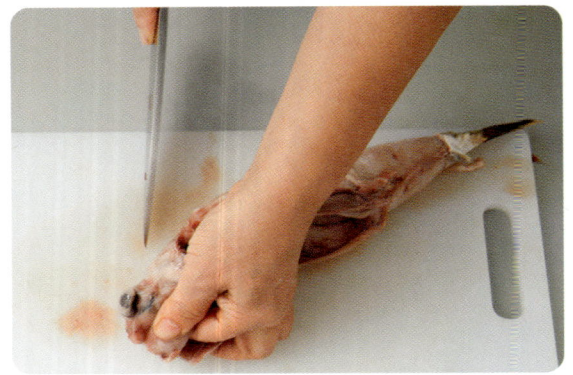

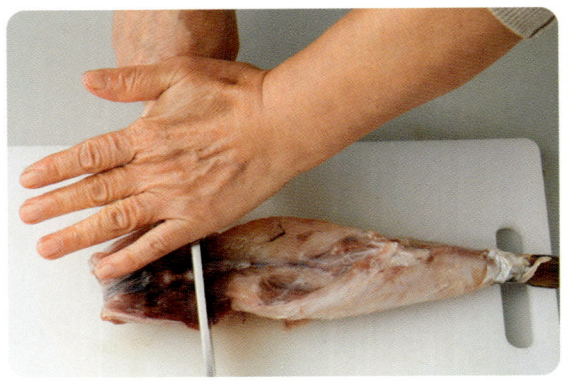

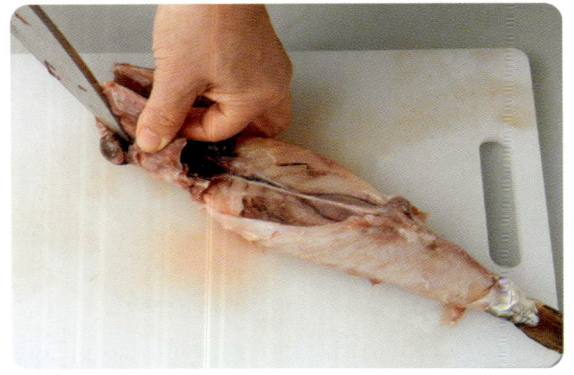

8 눈은 안쪽에 손가락을 밀어 넣어 밖으로 눈이 돌출되게 한 후 터지지 않도록 주의하여 꺼낸다.

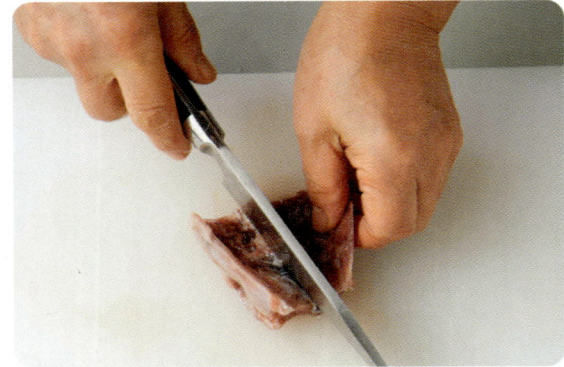

9 복어의 머리를 잘라내고 다시 반으로 자른다.

복어 손질

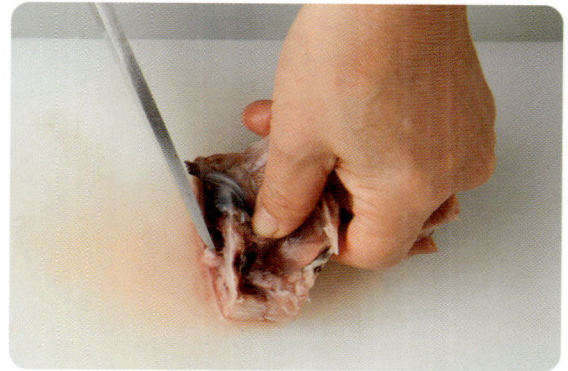

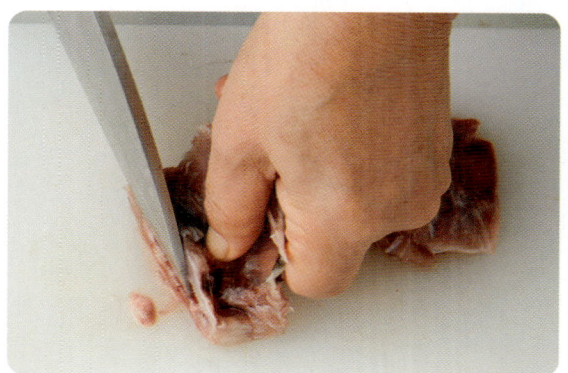

10 머리뼈 속의 불순물을 제거한다.

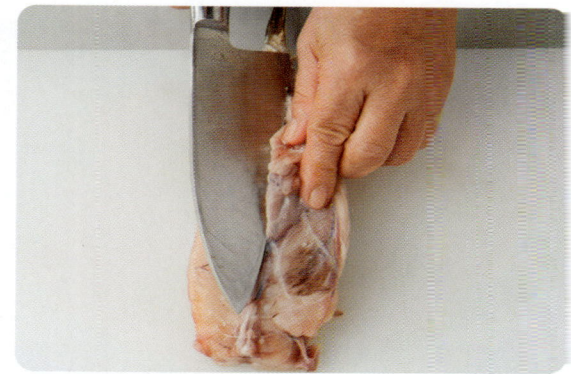

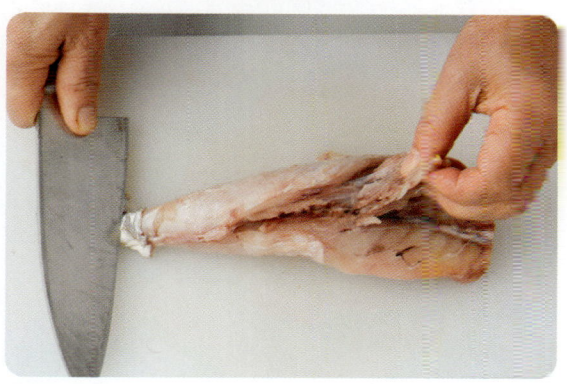

11 배꼽 살 양쪽에 칼집을 넣은 후 배꼽 살을 떼어낸다.

복어 손질

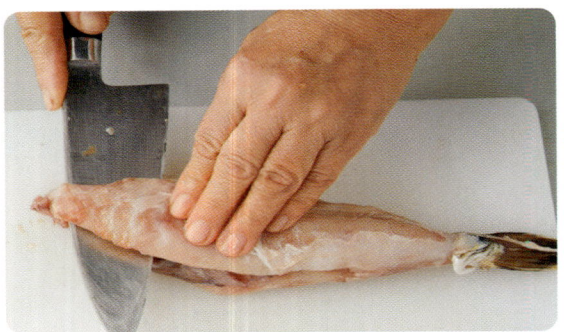

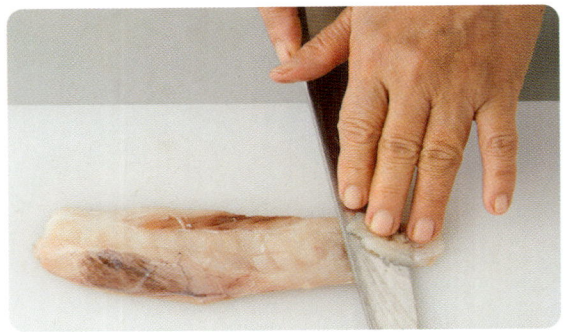

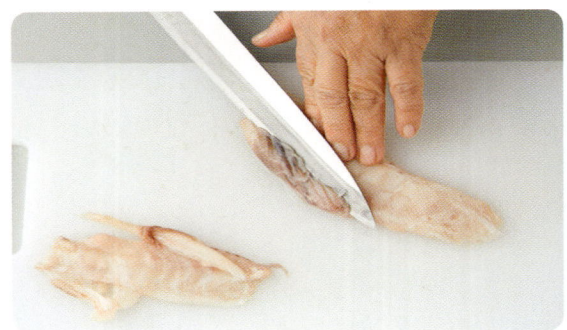

13 복어 살에 붙은 얇은 속껍질을 사시미 칼을 사용하여 제거한다.(나무 도마를 사용하면 밀착이 잘 되어서 편하다)

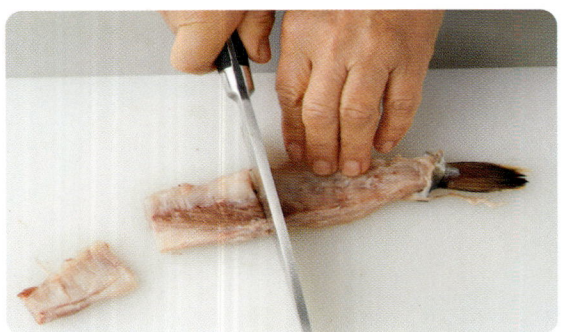

12 복어 몸통을 3장 뜨기한 후 뼈는 5cm로 잘라 칼집을 넣어 찬물에 담근다.

복어 손질

14 복어를 연한 소금물에 담가 제독하고 물기를 제거한 후 마른 면포에 감싸 최대한 수분을 제거한다.

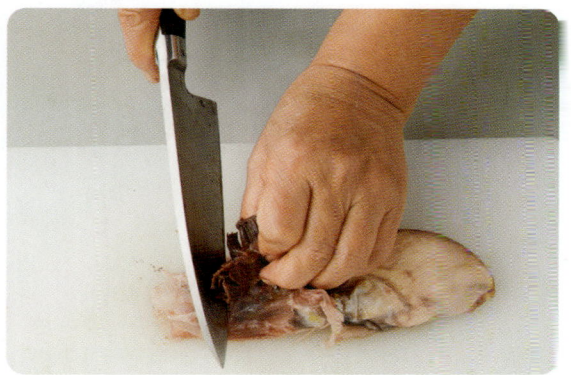

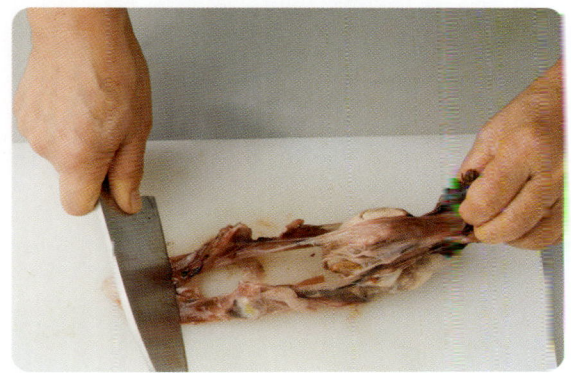

15 혀와 아가미 사이에 칼집을 넣고 당겨서 내장을 분리한다.

복어 손질

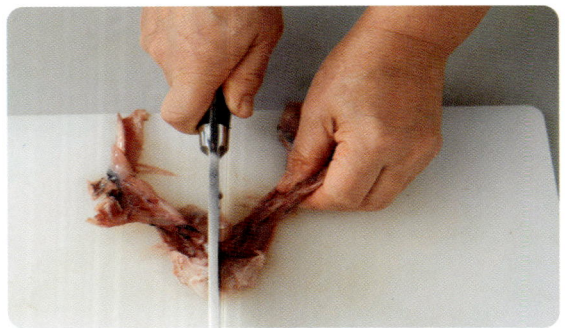

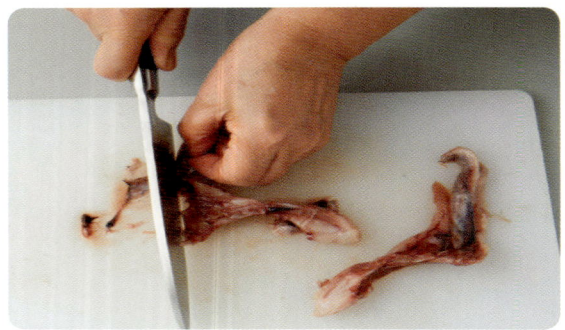

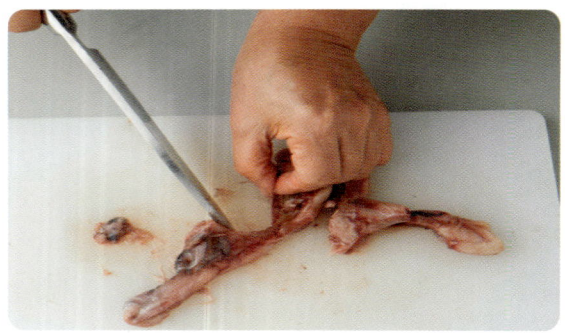

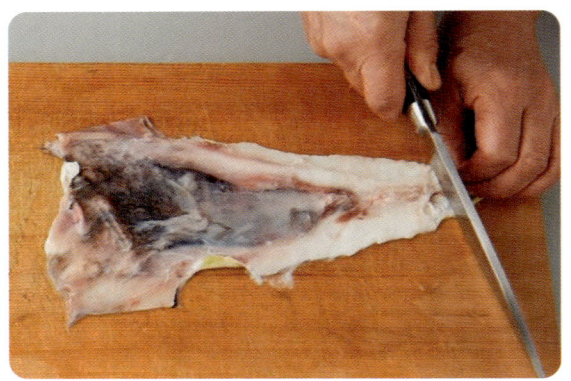

17 대바칼로 껍질 안쪽의 점막을 긁어내어 속껍질을 제거한다.

16 갈비뼈를 반으로 잘라 불순물을 제거하여 물에 담근다.

복어 손질

18 겉껍질의 안쪽이 도마에 닿게 펼쳐 머리 부분 어 칼집을 넣은 후 도마에 밀착시켜 가시를 제거한 후 찬물에 담근다.(가시와 껍질 사이 를 지나가듯이 사시미칼을 위아래로 움직여 가시를 제거)

복어껍질초회

복어껍질초회

재료

- 복어껍질 (데친 것) 2/3
- 미나리 20g (줄기 부분)
- 폰즈
- 야꾸미

만드는 법

1. 껍질을 데친 후 물기를 제거하여 대바칼로 4cm 길이로 채를 썰어 놓는다.

   tip 참복과 까치복 껍질은 끓여 투명하면 건지고 은복은 살짝 데친다.

2. 미나리는 4cm로 썰고 야꾸미와 폰즈를 만든다.

3. 볼에 채 썬 겉껍질과 미나리 넣고 야꾸미와 폰즈를 넣어 골고루 잘 섞은 다음 완성 접시에 담는다.

합격 *point*

1. 복어껍질과 미나리는 좋은 것 복어회에 넣고 안 좋은 것 복어껍질초회에 사용한다.
2. 복어껍질초회는 미리 준비해놓고 회 뜨기 직전에 무친다.

조리과정 복어껍질초회

1 껍질을 데친 후 물기를 제거하여 대바칼로 4cm 길이로 채를 썰어 놓는다.

tip 참복과 까치복 껍질은 끓여 투명하면 건지고 은복은 살짝 데친다.

조리과정 복어껍질초회

2 미나리는 4cm로 썰고 야꾸미와 폰즈를 만든다.

3 볼에 채 썬 겉껍질과 미나리 넣고 야꾸미와 폰즈를 넣어 골고루 잘 섞은 다음 완성 접시에 담는다.

복어죽

복어죽

재료

- 밥 100g (햇반 또는 찬밥)
- 복어살 50g
- 복어맛국물 3C
- 달걀 1개
- 실파 10g (쪽파 대체 가능)
- 당근 50g (곧은 것)
- 생표고버섯 (중) 1개
- 김 1/4장
- 소금 (정제염) 약간

만드는 법

1. 다시마를 면포에 닦아 찬물에 넣어 끓으면 다시마를 건진다.
2. 복어 뼈는 5cm 길이로 토막 내어 칼집을 넣어 물에 담그고 흑어 거리는 반으로 잘라 불순물을 제거하여 물에 담가 제독한다.
3. 2의 뼈의 핏물이 빠지면 끓는 물에 살짝 데쳐 깨끗이 씻는다
4. 다시 국물에 데친 뼈를 넣고 끓여 면포에 내린다.
5. 복어 살은 곱게 채 썰고 뼈에 붙은 살은 발라 놓는다.
6. 밥을 밥알이 알알이 떨어지게 물에 헹군다.
7. 당근, 표고버섯은 곱게 다지고 실파는 송송 썰어 헹군다.
8. 김은 구워 곱게 채 썬다.
9. 복어 맛국물에 밥을 넣고 끓으면 복어 살을 넣고 끓인다.
10. 9에 당근, 표고버섯을 넣고 끓인다.
11. 죽이 퍼지면 달걀을 풀어 넣고 소금으로 간하여 그릇에 담고 달와 채 썬 김을 얹는다.

조리과정 복어죽

1. 다시마를 면포에 닦아 찬물에 넣어 끓으면 다시마를 건진다.

4. 다시 국물에 데친 뼈를 넣고 끓여 면포에 내린다.

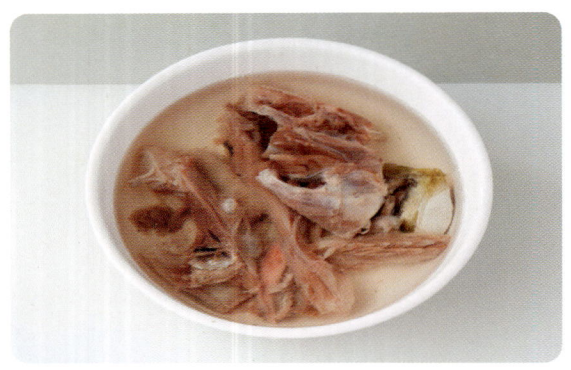

2. 복어 뼈는 5cm 길이로 토막 내어 칼집을 넣어 물에 담그고 복어 머리는 반으로 잘라 불순물을 제거하여 물에 담가 제독한다.

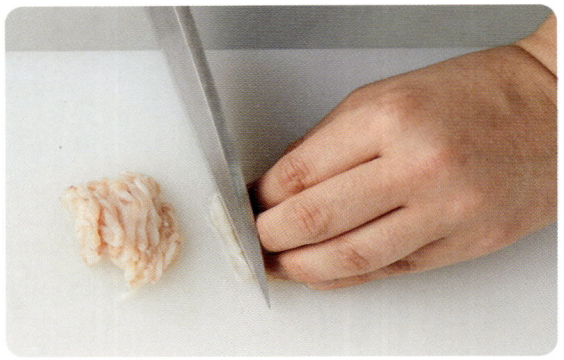

5. 복어 살은 곱게 채 썰고 뼈에 붙은 살은 발라 놓는다.

3. 2의 뼈의 핏물이 빠지면 끓는 물에 살짝 데쳐 깨끗이 씻는다.

6. 밥을 밥알이 알알이 떨어지게 물에 헹군다.

조리과정 복어죽

7 당근, 표고버섯은 곱게 다지고 실파는 송송 썰어 헹군다.

9 복어 맛국물에 밥을 넣고 끓으면 복어 살을 넣고 끓인다.

8 김은 구워 곱게 채 썬다.

조리과정　복어죽

10 **9**에 당근, 표고버섯을 넣고 끓인다.

11 죽이 퍼지면 달걀을 풀어 넣고 소금으로 간하여 그릇에 담고 실파와 채 썬 김을 얹는다.

복어회

복어회

재료

- 복어 살
- 복어 껍질
- 미나리 10g (줄기 부분)
- 야꾸미, 폰즈

만드는 법

1. 복어는 손질하여 횟감용 살을 포 뜬 후 살에 붙은 속껍질을 제거하여 연한 소금물에 담갔다 물기를 제거한 후 마른 면포에 감싸 최대한 수분을 제거한다.
2. 가시를 제거한 복어 배 껍질과 등껍질은 소금으로 씻어 끓는 물에 살짝 데친 후 찬물에 식혀 물기를 제거한다.
   > **tip** 참복과 까치복 껍질은 끓는 물에 넣어 투명해지면 건지고 은복은 살짝 데친다.
3. 마른 면포에 감싸 수분을 제거한 복어 살은 껍질 부분이 바닥으로 머리 부분이 위쪽으로 오도록 사선으로 도마 위에 놓고 복어 살을 왼손가락으로 살짝 누른 후 폭 2cm, 길이 6~7cm가 되도록 얇게 회를 뜬다.
4. 접시에 처음 회를 담을 때 정각 12시에 놓고 시계방향 반대로 돌려가면서 국화꽃 모양으로 담는다
5. 데쳐 놓은 복어 껍질은 대바칼을 이용하여 4×0.3×0.3cm로 채 썬다.
6. 회를 뜨고 남은 복어 살은 장미꽃 모양으로 만들어 접시 중앙 빈 공간에 놓고 말려둔 지느러미를 꽃에 기대어 세워 지느러미 사이에 애벌레를 오려 나비를 완성하고 미나리와 복어 껍질 채를 올린다.
7. 무 강판에 갈아 헹군 다음 고운 고춧가루로 물들여 야꾸미를 만든다.
8. 실파 송송 썰어 헹구어서 수분을 제거하고, 레몬은 반달썰기 한다.
9. 다시국물 2T, 간장 2T, 식초 2T을 혼합하여 폰즈를 만든다.
10. 종지에 야꾸미, 레몬, 실파를 1/2를 담고 폰즈를 다른 종지에 담아낸다.

조리과정 복어회

1. 복어는 손질하여 횟감용 살을 포 뜬 후 살에 붙은 속껍질을 제거하여 연한 소금물에 담갔다 물기를 제거한 후 마른 면포에 감싸 최대한 수분을 제거한다.

2. 가시를 제거한 복어 배 껍질과 등껍질은 소금으로 씻어 끓는 물에 살짝 데친 후 찬물에 식혀 물기를 제거한다.

   tip 참복과 까치복 껍질은 끓는 물에 넣어 투명해지면 건지고 은복은 살짝 데친다.

3. 마른 견포에 감싸 수분을 제거한 복어 살은 껍질 부분이 바닥으로 머리 부분이 왼쪽으로 오도록 사선으로 도마 위에 놓고 큰 살을 왼손가락으로 살짝 누른 후 폭 2㎝, 길이 6~7cm가 되도록 얇게 회를 뜬다.

조리과정 복어회

5 데쳐 놓은 복어 껍질은 대바칼을 이용하여 4×0.3×0.3cm로 채 썬다.

4 접시에 처음 회를 담을 때 정각 12시에 놓고 시계방향 반대로 돌려가면서 국화꽃 모양으로 담는다.

6 회를 뜨고 남은 복어 살은 장미꽃 모양으로 만들어 접시 중앙 빈 공간에 놓고 말려둔 지느러미를 꽃에 기대어 세워 지느러미 사이에 애벌레를 오려 나비를 완성하고 미나리와 복어 껍질 채를 올린다.

조리과정 복어회

8 실파 송송 썰어 헹구어서 수분을 제거하그,
레몬은 반달썰기 한다.

7 두 강판에 갈아 헹군 다음 고운 고춧가루로
물들여 야꾸미를 만든다.

조리과정 복어회

9 다시국물 2T, 간장 2T, 식초 2T을 혼합하여 폰즈를 만든다.

10 종지에 야꾸미, 레몬, 실파를 1/2를 담고 폰즈를 다른 종지에 담아낸다.

복어조리기능사 전체 과정

재료

- 복어 1마리 (700g)
- 무 100g
- 생표고버섯 1개 (중)
- 당근 50g (곧은 것)
- 미나리 30g (줄기 부분)
- 실파 30g (2줄기)
  (쪽파 대체 가능)
- 밥 100g (햇반 또는 찬밥)
- 김 1/4장
- 달걀 1개
- 레몬 1/6쪽
- 진간장 30mL
- 건다시마 2장 (5×10cm)
- 소금 (정제염) 10g
- 고춧가루 (고운 것) 5g
- 식초 30mL

작업 순서

1. 복어 시험지에 내장 이름 써넣기
2. 다시마 물 4C 정도 올려 다시국물 끓이기.
3. 복어 순서대로 손질하여 회 뜰 살은 소금물에 3~5분 담가 핏물 빼서 마른 면포에 싸서 수분 제거

   tip 조금 무거운 것으로 눌러 놓으면 수분이 잘 빠지고 중간에 마른 면포로 다시 싸서 수분 제거하면 더 잘 빠진다.

4. 양옆 지느러미는 끝부분에 칼집을 넣어 더듬이를 만들어 호일에 펴서 말린다.
5. 복어 머리, 뼈 깨끗하게 손질한 후 칼집 넣어 물에 담가 제독한다.

   tip 껍질을 따로 물에 담가 제독한다. 뼈에 같이 담그면 가시 제거 안 하고 실수로 데칠 수 있음.

6. 표고버섯, 당근 사방 0.3cm로 썬다.
7. 실파 송송 썰고 무 강판에 갈아 야꾸미 만든다.
8. 다시국물 2T, 간장 2T, 식초 2T 혼합하여 폰즈를 만든다.
9. 복어 껍질은 가시를 제거하여 끓는 물에 데치고 뼈도 데쳐서 깨끗이 씻는다.
10. 다시국물에 뼈를 넣고 끓여 면포에 받쳐 맛국물을 만든다.
11. 밥을 찬물에 밥알이 알알이 떨어지게 헹구어 체에 내린다.
12. 맛국물 3C에 밥을 넣고 끓인다.
13. 복어회 손질할 때 나온 살을 곱게 채 썰어 10에 넣는다.
14. 김 구워서 곱게 채 썰고 달걀 풀어 놓는다.
15. 미나리와 데친 복어 껍질 4cm로 채 썰어 예쁜 것 회에 장식할 것 남기고 폰즈와 야꾸미를 넣고 무친다.

    tip 야꾸미와 폰즈 종지에 담아 제출할 것을 준비한다.

16. 복어를 길이 6~7cm, 폭 2cm 정도로 얇게 떠서 처음 접시에 시계 12시 위치에 놓고 시계방향 반대로 국화꽃 모양으로 돌려 담는다.
17. 회 뜨면서 안 좋은 것은 돌돌 말아 장미꽃 모양으로 만들어 중앙 공간에 놓고 담고 말린 지느러미로 나비 만들어 꽃에 올려 놓고 복어 껍질 채와 미나리를 담는다.
18. 도마에 복어회 복어 껍질무침, 복어죽, 야꾸미, 폰즈를 담아 같이 제출한다.

일식조리기능사

핵심정리 핸드북 (요점정리)

갑오징어명란무침 (20분)

1. 차조기(깻잎), 무순 씻어 물에 담그기
2. 갑오징어 껍질 제거 후 끓는 물에 소금 넣고 데치기
3. 0.3cm 두께로 포를 떠서 5×0.3×0.3cm로 가는 채썰기
4. 명란 껍질 제거하기
5. 갑오징어에 명란 넣어 무치기
6. 완성 그릇에 시소를 깔고 갑오징어 명란 무침 담고 무순으로 장식

도미머리맑은국 (30분)

1. 도미-비늘-아가미-내장 제거-머리 반으로 자르기-소금
2. 죽순-편-데침
3. 도미 머리 데쳐 불순물 제거
4. 레몬-오리발
5. 대파 가늘게 채 썰어 찬물 담그기
6. 물 3C, 다시마, 도미 머리 넣고 끓으면 다시마 건져내고 도미 익을 때까지 끓임
7. 도미 건져 완성 그릇에 담기-국물 면포에 걸러 간장, 소금, 청주로 간-국물 다시 한번 끓여 그릇에 담기-죽순, 대파, 레몬 함께 담아 제출

대합맑은국 (20분)

1. 쑥갓 2잎-물에 담그기
2. 중합 2개 - 소금물 해감 (*눈 제거 안 함)
3. 다시마-젖은 면포로 닦기
4. 물 3C, 다시마, 조개 끓임-거품 제거-끓어오르면 다시마 건져냄-조개가 익을 때까지 끓여 면포에 거르기
5. 육수에 국간장, 청주, 소금 간하기
6. 레몬 껍질-오리발
7. 완성 그릇에 대합과 국물 넣고 쑥갓 잎, 레몬 껍질 띄워 제출

된장국 (20분)

1. 다시마, 물 넣고 끓으면 가쓰오부시 넣어 가쓰오 다시 만들기
2. 미역 불려 1×1cm로 썰어 데치기
3. 두부 1×1×1cm로 썰어 데치기
4. 실파 송송 썰어 물에 헹구기
5. 가쓰오 다시 물 2C을 냄비에 넣고 끓으면 된장 1T, 청주 1t 넣어 살짝 끓이기
6. 완성 그릇에 미역, 두부 담고 국물 부어 실파와 산초가루 올려 제출

도미조림 (30분)

1. 다시마, 물 2C 넣고 끓으면 가쓰오부시 넣어 가쓰오 다시 만들기
2. 생강 가늘게 채 썰어(하리쇼가) 찬물에 담그기
3. 우엉 껍질 벗긴 후 5cm 정도의 젓가락 모양 썰기
4. 꽈리고추 꼭지 제거 후 칼집 넣기
5. 도미 손질하여 소금을 뿌린 후 데치기
6. 냄비 : 우엉 – 도미 – 청주 3T – 불을 켜서 알코올 날리기 – 다시 물 1C, 간장 3T, 설탕 3T, 미림 3T – 호일로 뚜껑을 만들어 졸이기 – 꽈리고추 넣기
7. 완성 접시에 도미를 담고 앞쪽으로 꽈리고추, 우엉, 생강을 담아 완성

문어초회 (20분)

1. 다시마, 물 넣고 끓으면 가쓰오부시 넣어 가쓰오 다시 만들기
2. 가쓰오 다시 1/3C, 간장 1T, 식초 1T, 설탕 C.ET을 끓여 드사스 만들기
3. 오이 자바라 썰기 하여 소금에 절여 2~3cm 썰기
4. 미역 불려 끓는 물에 데쳐서 김발에 말아 4-5cm로 썰기
5. 물, 간장, 식초 넣고 문어 삶아 4~5cm 길이 물결 모양 썰기
6. 그릇에 문어와 미역, 오이, 레몬을 담아 도스 끼얹어 제출

해삼초회 (20분)

1. 다시마, 물 넣고 끓으면 가쓰오부시 넣어 가쓰오 다시 만들기
2. 폰즈(간장 1T, 식초 1T, 가쓰오 다시 물 1T)
3. 오이 자바라 썰기 하여 소금에 절여 2~3cm로 썰기
4. 미역 불려서 데침 – 미역 줄기 제거 후 김발로 정리 4cm 썰기
5. 해삼 입, 항문, 내장 제거하여 한입 크기로 썰기
6. 야꾸미(실파, 레몬 반달, 무 간 것+고운 고춧가루) 만들기
   - 완성 그릇에 해삼. 오이, 미역, 야꾸미 담기 – 폰즈 끼얹어 제출

소고기덮밥 (30분)

1. 다시마, 물 넣고 끓으면 가쓰오부시 넣어 가쓰오 다시 만들기
2. 소고기 4 ×0.2 ×1cm로 썰어 치킨타월에 핏물 제거
3. 양파 채썰기(4cm)
4. 실파(4cm), 팽이버섯–밑동 자르고 4cm로 썰기
5. 김 굽기 –채(하리노리)
6. 달걀 풀기(알끈 제거)
7. 밥 완성 그릇에 담기
8. 덮밥 다시 끓이기(가쓰오 다시 물 1/2C, 간장 T 맛술 1T, 설탕 1t, 소금) – 소고기 넣고 익힘(거품 제거 – 양파, 팽이버섯, 실파 넣고 익히기 – 익으면 달걀 고르게 돌리기 – 달걀이 70% 정도 익으면 불을 끄고 밥 위에 덮어주기
9. 김 올려 제출

우동볶음 (30분)

1. 숙주 씻어 거두절미하기
2. 양파, 당근, 청피망, 표고버섯은 4cm 길이로 채썰기
3. 새우- 내장을 제거하여 데쳐서 껍질 제거하기
4. 오징어- 솔방울 무늬로 칼집을 넣어 1cm×4cm 크기로 썰기- 데치기
5. 우동면- 끓는 물에 데치기
6. 팬- 식용유- 당근, 표고버섯, 양파, 새우, 오징어 순으로 볶기
7. 숙주, 피망 넣고 볶다가 우동면, 진간장, 맛술, 청주, 소금을 넣은 후 참기름 넣기
8. 접시에 담고 가다랑어포 얹기

메밀국수 (30분)

1. 다시마, 물 넣고 끓으면 가쓰오부시 넣어 가쓰오 다시 만들기
2. 냄비-소바 다시(가쓰오 다시 물 1C, 진간장 3T, 백설탕 1T, 청주 1T, 맛술 1/2T)-끓여 얼음물에 식히기
3. 야꾸미-송송 썬 파, 강판에 간 무즙(물에 헹구기)

접시에 김발 올리기

4. 와사비 개어 놓기
5. 메밀국수 삶기- 찬물과 얼음 물에 헹구기- 사리-김발

김-굽기 -채 (하리기리)-면 위에 올리기

6. 메밀국수, 양념(야꾸미), 소바 다시를 각각 따로 담아서 제출

삼치소금구이 (30분)

1. 다시 물 끓이기
2. 깻잎 찬물에 담그기
3. 삼치 3장 포 떠서 칼집 넣어 소금에 절이기
4. 우엉 다시 물(간장 1T, 청주 1T, 설탕 1T, 맛술 2t, 다시 물 1C)에 졸이기
5. 무 국화꽃 성형-담금초(물 1T, 식초 1T, 설탕 1T, 소금 1t)에 재우기
6. 삼치 헹궈 소금 뿌려 굽기
7. 깻잎 깔고, 우엉, 무 곁들여 삼치 제출(껍질이 위로 와야 함)

소고기간장구이 (20분)

1. 깻잎 찬물에 담그기
2. 다시물 끓이기
3. 다래 소스(설탕 2T, 간장 2T, 청주 2T, 맛술 2T, 다시물 4T) 끓이기
4. 소고기 손질-두께 1cm로 연육 하여 소금. 후추 뿌리기
5. 팬에 식용유 두르고 소고기 겉면 익혀주기
6. 소스 발라가며 소고기 미디엄으로 익히기
7. 생강-곱게 채 썰어 찬물에 담그기
8. 소고기 어슷하게 3cm 길이로 썰어 접시에 담기
9. 남은 소스 바르기-산초가루 뿌리고, 생강 곁들여 제출

전복버터구이 (25분)

1. 깻잎 찬물에 담그기
2. 양파와 피망 3cm×3cm의 크기로 썰기
3. 은행 삶아 껍질 제거
4. 전복 손질-껍질과 몸통, 내장 분리
5. 내장에 모래주머니 제거하여 데치기
6. 몸통에 칼집 넣어 어슷하게 저며 썰기
7. 팬- 식용유- 양파, 전복, 내장, 청주 넣고 볶다가- 버터, 피망, 은행, 소금, 후추 순서로 넣고 볶기
8. 접시에 깻잎 깔고 전복과 채소 볶은 것 담기

달걀말이 (25분)

1. 다시마 물 1C 넣고 끓으면 가쓰오부시 넣어 면도에 내리기
2. 달걀, 가쓰오 다시 2T, 소금 1/3t, 설탕 1T, 맛술 1T을 풀어서 체에 내리기
3. 달군 팬에 달걀물 1/2C씩을 부어가며 젓가락으로 말기
4. 김발에 달걀말이 감싸 모양 잡기
5. 무 강판에 갈아 물에 헹구어 간장 넣어 색 내기
6. 달걀말이 두께 1cm로 8개 썰기
7. 깻잎 깔고 달걀말이 담고 간장 무 곁들이기

도미술찜 (30분)

1. 다시물 끓이고, 쑥갓 찬물에 담그기
2. 당근은 매화꽃, 무는 은행잎, 생표고는 별 모양 만들어 데치기
3. 죽순은 0.3cm 빗살무늬 살려 썰은 후 데치기
4. 배추와 쑥갓은 데친 후 배추말이 만들어 썰기
5. 두부는 4×2×2cm
6. 도미 아가미, 내장 제거 – 머리는 1/2등분 – 몸통은 3장뜨기 – 꼬리 칼집 넣기 – 데치기
7. 술찜 소스(다시물 2T, 청주 2T, 소금) 만들기
8. 완성 그릇에 담고 술찜 소스 부려 김이 오른 냄비에 중탕하기
9. 폰즈 (간장 1T, 식초 1T, 다시물 1T)) 만들기
10. 야꾸미 (무즙, 실파, 레몬) 만들기
11. 쑥갓 올린 후 뜸들여 폰즈, 야꾸미와 함께 제출

달걀찜 (30분)

1. 다시마, 물 넣고 끓으면 가쓰오부시 넣어 면도어 내리기
2. 쑥갓은 찬물에 담그기
3. 표고버섯, 죽순, 어묵 1×1×1cm로 썰어 데치기
4. 밤 구워 1×1×1cm로 썰기
5. 은행은 데쳐서 껍질을 제거
6. 새우 내장 제거 후 데쳐서 껍질 벗겨 1cm로 썰기
7. 흰살 생선(소금), 닭고기(간장) 사방 1cm로 썰어 밑간하여 데치기
8. 레몬 껍질 오리발 만들기
9. 달걀, 가쓰오 다시 물 2/3C, 소금, 청주 1t, 맛술 1t 풀어 체에 거르기
10. 찜 그릇에 레몬 쑥갓 빼고 나머지 재료 그릇에 크게 9)를 담고 끓은 물에 중탕으로 10분 찜기
11. 익으면 뚜껑을 열어 쑥갓, 레몬 올려 1분간 뜸 드려 제출

생선초밥 (40분)

1. 배합초 (식초 3T, 설탕 2T, 소금 1t) 끓여 밥에 2T 넣고 비비기
2. 생강 얇게 편 썰어 데치기-배합초 절임(초생강)
3. 깻잎은 찬물에 담그고, 와사비는 찬물에 개기
4. 새우는 내장 제거 후 꼬치 끼워 소금물에 삶아 껍질 제거하여 배 쪽에 칼집 넣어 펴기
5. 도미살 2~3mm 두께 7×2.5cm로 포 뜨기
6. 광어 껍질 벗겨 2~3mm 두께 7×2.5cm로 포 뜨기
7. 문어는 간장, 술, 식초 넣고 삶아 2~3mm 두께 7×2.5cm 포(물결무늬)
8. 참치 2~3mm 두께 7×2.5cm로 포 뜨기
9. 학꽁치는 내장 제거 후 3장 포를 떠서 껍질, 가시 제거하고 7×2.5cm로 썰어 칼집 넣기
10. 각각의 생선을 초밥 싸기(여유 있는 생선은 추가하여 8개 수량 맞출 것)
11. 완성 그릇에 깻잎(시소) 깔고, 초생강 곁들여 8개 담아 간장과 제출

참치김초밥 (20분)

1. 깻잎 찬물에 담그기
2. 식초 3T, 설탕 2T, 소금 1t를 끓인 배합초 1.5T 밥에 넣어 식힌다.
3. 생강 편 썰어 데쳐 남은 배합초에 담가 초생강 만들기
4. 참치살 소금물에 해동하여 수분 제거 후 1.5cm 두께로 길게 썰기
5. 와사비 찬물에 개기
6. 김 구워 반으로 자르기
7. 김에 밥 펴놓고 와사비, 참치 순서로 넣어 네모지게 모양 만들기
8. 12개 썰어 깻잎 깐 접시에 담아 초생강을 곁들여 간장과 함께 제출

김초밥 (25분)

1. 배합초 만들기(식초 3T, 설탕 2T, 소금 1t) - 밥에 배합초 2T 넣고 초밥 만들기
2. 물 끓이기-생강 편 썰어 데치기-배합초에 담그기
3. 오이 1×1×20cm로 썰기
4. 박고지 불려서 끓는 물에 데쳐서 조림(다시 물 1/2C, 설탕 1T, 간장 1T, 맛술 1T)
5. 달걀, 소금, 설탕, 맛술 넣고 풀어 체에 내려 달걀말이 하기(두께, 폭 1cm 김 길이)
6. 김 굽기-밥 적당히 깔아 박고지, 달걀말이, 오이, 오보로를 넣고 말아주기-8등분 썰기
7. 깻잎(시소) 깔고, 초생강 곁들여 담기-간장과 함께 제출

합격비법 모의시험

일식조리기능사

1 전복버터구이, 도미머리맑은국 (시험시간 55분)

전복버터구이(25분)	도미머리맑은국(30분)
요구사항 가. 전복은 껍질과 내장을 분리하고 칼집을 넣어 한입 크기로 어슷하게 써시오. 나. 내장은 모래주머니를 제거하고 데쳐 사용하시오. 다. 채소는 전복의 크기로 써시오. 라. 은행은 속껍질을 벗겨 사용하시오.	**요구사항** 가. 도미 머리 부분을 반으로 갈라 50~60g 크기로 사용하시오. (단, 도미는 머리만 사용하여야 하고, 도미 몸통(살) 사용 할 경우 실격 처리됩니다.) 나. 소금을 뿌려 놓았다가 끓는 물에 데쳐 손질하시오. 다. 다시마와 도미 머리를 넣어 은근하게 국물을 만들어 간 하시오. 라. 대파의 흰부분은 가늘게 채(시라가네기) 썰어 사용하시오. 마. 간을 하여 각 곁들일 재료를 넣어 국물을 부어 완성하시오.

1	재료 확인 후 분리하여 세척 하기	
2	깻잎 찬물에 담그기	
3		레몬-오리발 대파 가늘게 채 썰어 찬물 담그기
4	양파와 피망 3cm×3cm의 크기로 썰기	
5	은행 삶아 껍질 제거	
6	전복 손질-껍질과 몸통, 내장 분리	
7	내장에 모래주머니 제거하여 데치기	

	전복버터구이(25분)	도미머리맑은국(30분)
8	몸통에 칼집 넣어 어슷하게 저며 썰기	
9		도미-비늘-아가미-내장 제거-머리 반으로 자르기-소금
10		죽순-편-데침
11		도미 데쳐 불순물 제거
12		물 3C, 다시마, 도미 머리 넣고 끓으면 다시마 건져내고 도미 익을 때까지 끓임
13		도미 머리 완성 그릇에 담기
14		국물 면포에 걸러 간장, 소금, 청주로 간-국물 다시 한번 끓여 그릇에 담기
15		죽순, 대파, 레몬 함께 담기
16	팬- 식용유- 양파, 전복 = 내장, 청주 – 버터, 피망, 은행, 소금, 후추 순서로 넣고 볶기	
17	접시에 깻잎 깔고 전복과 채소 볶은 것 담기	

조리 순서 point

1. 채소 손질하여 썰어 놓고 도미 머리 맑은국을 끓이고 전복 버터구이 완성하면 전복 버터구이가 마르거나 접시 밑에 국물이 생기는 것을 막을 수 있다.

2 우동볶음, 갑오징어명란무침(시험시간 50분)

우동볶음(30분)	갑오징어명란무침(20분)
요구사항 가. 새우는 껍질과 내장을 제거하고 사용하시오. 나. 오징어는 솔방울 무늬로 칼집을 넣어 1cm × 4cm 크기로 썰어서 데쳐 사용하시오. 다. 우동은 데쳐서 사용하고, 숙주를 제외한 나머지 채소는 4cm 길이로 썰어 사용하시오. 라. 가다랑어포(하나가쓰오)를 고명으로 얹으시오.	**요구사항** 가. 명란젓은 껍질을 제거하고 알만 사용하시오. 나. 갑오징어는 속껍질을 제거하여 사용하시오. 다. 갑오징어를 소금물에 데쳐 0.3cm× 0.3cm×5cm 크기로 썰어 사용하시오.

	우동볶음	갑오징어명란무침
1	재료 확인 후 분리하여 세척하기	
2		차조기(깻잎), 무순 씻어 물에 담그기
3	오징어, 새우 데칠 물 올려놓기	
4	숙주 – 거두절미하기	
5	양파, 당근, 청피망, 표고버섯은 1cm × 4cm 크기로 썰기	
6		갑오징어 껍질 제거 후 끓는 물에 소금 넣고 데치기 – 0.3cm 두께로 포를 떠서 0.3cm ×5cm로 채썰기
7	오징어– 솔방울 무늬로 칼집을 넣어 1cm × 4cm 크기로 썰기– 데치기	
8	새우 내장을 제거하여 데쳐서 껍질 제거하기	

	우동볶음(30분)	갑오징어명란무침(20분)
9	우동 데칠 물 올려놓기	
10		명란 껍질 제거하기
11	우동 – 끓는 물에 데치기	
12	팬 – 식용유 – 당근, 표고버섯, 양파, 새우, 오징어 – 숙주, 피망 – 우동면, 간장, 맛술, 청주, 소금 – 참기름	
13	접시에 담고 가다랑어포 얹기	
14		갑오징어에 명란 넣어 무치기
15		완성 그릇에 시소를 깔고 갑오징어 명란 무침 담고 무순으로 장식

조리 순서 point

1. 불을 사용하는 조리는 불 활용을 잘 해야 시간 내에 제출할 수 있다.

3 문어초회, 달걀찜(시험시간 50분)

문어초회(20분)	달걀찜(30분)
요구사항 가. 가다랑어 국물을 만들어 양념 초간장(도사스)을 만드시오. 나. 문어는 삶아 4~5cm 길이로 물결모양 썰기(하조기리)를 하시오. 다. 미역은 손질하여 4~5cm 크기로 사용하시오. 라. 오이는 둥글게 썰거나 줄 무늬(자바라)썰기 하여 사용하시오. 마. 문어초회 접시에 오이와 문어를 담고 양념 초간장(도사스)을 끼얹어 레몬으로 장식하시오.	**요구사항** 가. 은행은 삶고, 밤은 구워서 사용하시오. 나. 간장으로 밑간한 닭고기와 나머지 재료는 1cm 크기로 썰어 데쳐서 사용하시오. 다. 가다랑어포로 다시(국물)를 만들어 식혀서 달걀과 섞으시오. 라. 레몬껍질과 쑥갓을 올려 마무리하시오.

1	재료 확인 후 분리하여 세척하고 쑥갓 찬물에 담그기	
2	다시마, 물2c 넣고 끓으면 가쓰오부시 넣어 가쓰오다시 만들기	
3	오이 자바라 썰기 하여 소금에 절여 2~3cm 썰기	
4	가쓰오다시 1/3C, 간장 1T, 식초 1T, 설탕 0.5T을 끓여 도사스 만들기	
5	데칠 물 올려놓고 레몬껍질 오리발 만들고 반달 모양 썰기	
6		표고버섯, 죽순, 어묵 1×1×1cm로 썰어 데치기
7		은행은 데쳐서 껍질을 제거
8		새우 내장 제거 후 데쳐서 껍질 벗겨 1cm로 썰기
9		흰살생선(소금), 닭고기(간장) 사방 1cm로 썰어 밑간하여 데치기

	문어초회(20분)	달걀찜(30분)
10	미역 불려 끓는 물에 데쳐서 김발에 말아 4~5cm로 썰기	
11	물, 간장, 식초 넣고 문어 삶아 4~5cm 길이 물결모양 썰기	
12		밤은 꼬챙이에 끼워 구운 후 1×1×1cm로 썰기
13		달걀, 가쓰오다시물 2/3C, 소금, 청주 1t, 맛술 1t 풀어 체에 거르기
14		찜 그릇에 레몬 쑥갓 빼고 나머지 재료 그릇에 담고 달걀물을 담고 끓은 물에 중탕으로 10분 찜기
15	그릇에 문어와 미역, 오이, 레몬을 담아 도사스 끼얹어 제출	
16		익으면 뚜껑을 열어 쑥갓, 레몬 올려 1분간 뜸들여 제출

조리 순서 point

1. 문어초회와 달걀찜에 사용할 가쓰오다시를 1번에 끓여 나눈다.
2. 재료를 미리 손질하여 깨끗한 순서대로 데친다.
3. 달걀찜은 미래 준비하고 나중에 찌는 것이 부드럽다.

4 소고기덮밥, 된장국(시험시간 50분)

	소고기덮밥(30분)	된장국(20분)
	요구사항 가. 덮밥용 양념간장(돈부리 다시)을 만들어 사용하시오. 나. 고기, 채소, 달걀은 재료 특성에 맞게 조리하여 준비한 밥 위에 올려놓으시오. 다. 김을 구워 칼로 잘게 썰어(하리노리) 사용하시오.	**요구사항** 가. 다시마와 가다랑어포(가쓰오부시)로 가다랑어국물(가쓰오다시)을 만드시오. 나. 1cm × 1cm × 1cm로 썬 두부와 미역은 데쳐 사용하시오. 다. 된장을 풀어 한소끔 끓여내시오.
1	재료 확인 후 분리하여 세척 하기	
2	다시마, 물3C 넣고 끓으면 가쓰오부시 넣어 가쓰오다시 만들기	
3		미역 불려 1×1cm로 썰어 데치기
4		두부 1×1×1cm로 썰어 데치기
5		실파 송송 썰어 물에 헹구기
6	양파 채썰기(4cm)	
7	실파, 팽이버섯 - 4cm로 썰기	
8	소고기 4 × 0.2 × 1cm - 핏물제거	

	소고기덮밥(30분)	된장국(20분)
9	김 굽기 –채(하리노리)	
10	달걀 풀어 알끈 제거	
11	완성 그릇에 밥 예쁘게 담기	
12		가쓰오다시물 2C을 냄비에 넣고 끓으면 된장 1T, 청주 1t 넣어 살짝 끓이기
13		완성 그릇에 미역, 두부 담고 국물 부어 실파와 초가루 올려 제출
14	덮밥소스 – 가쓰오다시 1/2C, 간장 1T, 맛술 1T, 설탕 1t, 소금 – 소고기(거품제거)– 양파, 팽이버섯, 실파 – 달걀 고르게 덮기(70%정도 익히기) – 밥 위에 올려 덮기	
15	채썬 김(하리노리) 올리기	

조리 순서 *point*

1. 재료 미리 준비해 놓고 된장국 끓이고 덮밥을 하면 덮밥이 불지 않는다.

5 대합맑은국. 도미조림(시험시간 50분)

	대합맑은국(20분)	도미조림(30분)
	요구사항 가. 조개 상태를 확인한 후 해감하여 사용하시오. 나. 다시마와 백합 조개를 넣어 끓으면 다시마를 건져내시오.	**요구사항** 가. 손질한 도미를 5~6cm로 자르고 머리는 반으로 갈라 소금을 뿌리시오. 나. 머리와 꼬리는 데친 후 불순물을 제거하시오. 다. 도미를 냄비에 앉혀 양념하고 오토시부타(냄비 안에 들어가는 뚜껑이나 호일)를 덮으시오. 라. 완성 후 접시에 담고 생강채(하리쇼가)와 채소를 앞쪽에 담아내시오.
1	재료 확인 후 분리하여 세척 하기	
2	쑥갓 2잎-물에 담그기	
3	중합 2개 – 소금물 해감	
4	다시마-젖은 면포로 닦기	
5		다시마, 물 2C 넣고 끓으면 가쓰오부시 넣어 가쓰오다시 만들기
6		생강 가늘게 채 썰어(하리쇼가) 찬물에 담그기
7		우엉 껍질 벗긴 후 5cm 정도의 젓가락 모양 썰기

	대합맑은국(20분)	도미조림(30분)
8		꽈리고추 꼭지 제거 후 칼집 넣기
9		도미 손질하여 소금을 뿌린 후 데치기
10		냄비 – 우엉 – 도미 – 청주 3T – 불을 켜서 알코올 날리기 – 다시물 1C, 간장 3T, 설탕 3T, 미림 3T – 호일로 드껑을 만들어 졸이기 – 꽈리고추 넣기
11		완성 접시에 도미를 담고 앞쪽으로 꽈리고추, 우엉, 생강을 담아 완성
12	물 3C, 다시마, 조개 끓이기 – 거품 제거 – 끓어오르면 다시마 건져냄 – 조개가 익으면 면포에 거르기 – 육수에 국간장, 청주, 소금 간하기	
13	레몬껍질–오리발	
14	완성 그릇에 대합과 국물 넣고 쑥갓잎, 레몬껍질 띄워 제출	

조리 순서 point

1. 다시마 1개는 다시물 끓이고 1개는 조개와 함께 끓여야 하는데 착각하지 않도록 한다.

일식조리기능사

2024년 일식조리기능사 서울 상시 시험장 기출문제

일식 10/1

♣ 3교시 (4부 오후 12시 30분) - 메밀국수, 해삼초회

일식 9/5

♣ 1교시 (1부 오전 08시 30분) - 삼치소금구이, 된장국
♣ 2교시 (2부 오전 10시 00분) - 달걀찜, 문어초회

일식 8/25

♣ 3교시 (4부 오후 12시 30분) - 소고기덮밥, 된장국
♣ 4교시 (6부 오후 02시 00분) - 대합맑은국, 김초밥

일식 8/17

♣ 3교시 (4부 오후 12시 30분) - 도미술찜, 김초밥
♣ 4교시 (6부 오후 02시 00분) - 갑오징어명란무침, 소고기덮밥

일식 7/26

♣ 3교시 (4부 오후 12시 30분) - 우동볶음, 대합맑은국
♣ 4교시 (6부 오후 02시 00분) - 소고기간장구이, 메밀국수

일식 7/12

♣ 1교시 (1부 오전 08시 30분) - 소고기간장구이, 달걀찜
♣ 2교시 (2부 오전 10시 00분) - 도미머리맑은국, 달걀말이

일식 7/4

♣ 3교시 (4부 오후 12시 30분) - 삼치소금구이, 참치김초밥
♣ 4교시 (6부 오후 02시 00분) - 갑오징어명란무침, 도미조림

일식 6/16

♣ 1교시 (1부 오전 08시 30분) - 도미술찜, 대합맑은국
♣ 2교시 (2부 오전 10시 00분) - 문어초회, 달걀찜

일식 5/25

♣ 3교시 (4부 오후 12시 30분) - 메밀국수, 참치김초밥
♣ 4교시 (6부 오후 02시 00분) - 소고기덮밥, 대합맑은국

2024년 일식조리기능사 서울 상시 시험장 기출문제

일식 5/10
- ♣ 1교시 (1부 오전 08시 30분) - 소고기간장구이, 우동볶음
- ♣ 2교시 (2부 오전 10시 00분) - 소고기간장구이, 된장국

일식 4/26
- ♣ 1교시 (1부 오전 08시 30분) - 전복버터구이, 우동볶음
- ♣ 2교시 (2부 오전 10시 00분) - 도미머리맑은국, 참치김초밥

일식 4/7
- ♣ 1교시 (1부 오전 08시 30분) - 삼치소금구이, 김초밥
- ♣ 2교시 (2부 오전 10시 00분) - 도미조림, 달걀말이

일식 3/29
- ♣ 1교시 (1부 오전 08시 30분) - 달걀찜, 소고기간장구이
- ♣ 2교시 (2부 오전 10시 00분) - 김초밥, 대합맑은국

일식 3/7
- ♣ 1교시 (1부 오전 08시 30분) - 갑오징어명란무침, 달걀찜
- ♣ 2교시 (2부 오전 10시 00분) - 생선초밥, 된장국
- ♣ 3교시 (4부 오후 12시 30분) - 난자완스, 홍쇼두부
- ♣ 4교시 (6부 오후 02시 00분) - 유니짜장, 고추잡채

일식 2/29
- ♣ 3교시 (4부 오후 12시 30분) - 도미술찜, 김초밥
- ♣ 4교시 (6부 오후 02시 00분) - 우동볶음, 전복버터구이

일식 2/8
- ♣ 3교시 (4부 오후 12시 30분) - 전복버터구이, 소고기덮밥
- ♣ 4교시 (6부 오후 02시 00분) - 참치김초밥, 메밀국수

일식 1/20
- ♣ 3교시 (4부 오후 12시 30분) - 달걀말이, 우동볶음
- ♣ 4교시 (6부 오후 02시 00분) - 김초밥, 된장국

2023년 일식조리기능사 서울 상시 시험장 기출문제

일식 12/18
- 1 교시 (1부 오전 08시 30분) - 소고기간장구이, 메밀국수
- 2 교시 (2부 오전 10시 00분) - 도미머리맑은국, 김초밥

일식 12/16
- 3 교시 (4부 오후 12시 30분) - 문어초회, 달걀찜
- 4 교시 (6부 오후 02시 00분) - 대합맑은국, 우동볶음

일식 11/25
- 1 교시 (1부 오전 08시 30분) - 우동볶음, 갑오징어명란무침
- 2 교시 (2부 오전 10시 00분) - 소고기간장구이, 도미술찜

일식 11/12
- 3 교시 (4부 오후 12시 30분) - 소고기간장구이, 우동볶음
- 4 교시 (6부 오후 02시 00분) - 도미조림, 달걀말이

일식 10/26
- 1 교시 (1부 오전 08시 30분) - 도미술찜, 소고기간장구이
- 2 교시 (2부 오전 10시 00분) - 도미머리맑은국, 달걀말이

일식 10/18
- 4 교시 (6부 오후 02시 00분) - 메밀국수, 김초밥

일식 10/6
- 3 교시 (4부 오후 12시 30분) - 달걀찜, 소고기간장구이
- 4 교시 (6부 오후 02시 00분) - 우동볶음, 달걀말이

일식 9/14
- 3 교시 (4부 오후 12시 30분) - 문어초회, 달걀찜
- 4 교시 (6부 오후 02시 00분) - 도미조림, 갑오징어명란무침

일식 8/10
- 3 교시 (4부 오후 12시 30분) - 달걀말이, 전복버터구이
- 4 교시 (6부 오후 02시 00분) - 메밀국수, 김초밥

2023년 일식조리기능사 서울 상시 시험장 기출문제

일식 7/28
♣ 3교시 (4부 오후 12시 30분) - 메밀국수, 참치김초밥
♣ 4교시 (6부 오후 02시 00분) - 소고기덮밥, 갑오징어명란무침

일식 6/30
3교시 (4부 오후 12시 30분) 메밀국수(30분) / 소고기간장구이(20분)
4교시 (6부 오후 02시 00분) 전복버터구이(25분) / 우동볶음(30분)

일식 6/8
3교시 (4부 오후 12시 30분) 삼치소금구이(30분) / 참치김초밥(20분)
4교시 (6부 오후 02시 00분) 생선초밥(40분) / 된장국(20분)

일식 5/27
3교시 (4부 오후 12시 30분) 도미술찜(30분) / 김초밥(25분)
4교시 (6부 오후 02시 00분) 도미조림(30분) / 갑오징어명란무침(20분)

일식 5/12
3교시 (4부 오후 12시 30분) 소고기간장구이(20분) / 우동볶음(30분)
4교시 (6부 오후 02시 00분) 참치김초밥(20분) / 달걀말이(25분)

일식 4/17
1교시 (1부 오전 08시 30분) 달걀찜(30분) / 소고기간장구이(20분)
2교시 (2부 오전 10시 00분) 대합맑은국(20분) / 김초밥(25분)

일식 2/20
3교시 (4부 오후 12시 30분) 우동볶음(30분) / 달걀말이(25분)
4교시 (6부 오후 02시 00분) 된장국(20분) / 김초밥(25분)

일식 2/5
3교시 (4부 오후 12시 30분) 전복버터구이(25분) / 소고기덮밥(30분)
4교시 (6부 오후 02시 00분) 메밀국수(30분) / 된장국(20분)

일식 1/19
3교시 (4부 오후 12시 30분) 우동볶음(30분) / 김초밥(25분)
4교시 (6부 오후 02시 00분) 문어초회(20분) / 달걀찜(30분)

2022년 일식조리기능사 서울 상시 시험장 기출문제

일식 12/20

3교시 (4부 오후 12시 30분) 소고기덮밥(30분) / 대합맑은국(20분)
4교시 (6부 오후 02시 00분) 생선초밥(40분) / 된장국(20분)

일식 12/10

3교시 (4부 오후 12시 30분) 달걀찜(30분) / 문어초회(20분)
4교시 (6부 오후 02시 00분) 전복버터구이(25분) / 소고기덮밥(30분)

일식 12/1

3교시 (4부 오후 12시 30분) 소고기간장구이(20분) / 메밀국수(30분)
4교시 (6부 오후 02시 00분) 생선초밥(40분) / 대합맑은국(20분)

일식 11/4

3교시 (4부 오후 12시 30분) 달걀말이(25분) / 우동볶음(30분)
4교시 (6부 오후 02시 00분) 전복버터구이(25분) / 참치김초밥(20분)

일식 10/14

1교시 (1부 오전 08시 30분) 달걀말이(25분) / 문어초회(20분)
2교시 (2부 오전 10시 00분) 도미술찜(30분) / 된장국(20분)

일식 10/1

1교시 (1부 오전 08시 30분) 갑오징어명란무침(20분) / 우동볶음(30분)
2교시 (2부 오전 10시 00분) 문어초회(20분) / 달걀찜(30분)
3교시 (4부 오후 12시 30분) 도미조림(30분) / 대합맑은국(20분)
4교시 (6부 오후 02시 00분) 도미머리맑은국(30분) / 전복버터구이(25분)

일식 9/16

1교시 (1부 오전 08시 30분) 소고기간장구이(20분) / 된장국(20분)
2교시 (2부 오전 10시 00분) 전복버터구이(25분) / 참치김초밥(20분)
3교시 (4부 오후 12시 30분) 삼치소금구이(30분) / 달걀말이(25분)
4교시 (6부 오후 02시 00분) 메밀국수(30분) / 김초밥(25분)

저자 프로필 ①

• 임인숙 •

조리과학 석사

자격증
조리기능장 외 다수

경력
현 : 중부여성 발전센터 조리과 강사
현 : 농수산물유통센터 소상공인 시장진흥공단 메뉴개발 전문 컨설턴트 (청운대학교 산학협력단)
현 : 조리기능장, 조리산업기사 시험감독위원
현 : 한식, 양식, 중식, 일식, 복어 조리기능사 시험감독위원
현 : 떡제조기능사 시험 감독위원
현 : 조리기능장 한식 메뉴 139가지 인터넷 강의(경록쿡)
현 : 조리기능장 중식 메뉴 60가지 인터넷 강의(경록쿡)
현 : 조리기능장 복어 메뉴 8가지 인터넷 강의(경록쿡)
현 : 한식조리산업기사 메뉴 120가지 인터넷 강의(경록쿡)
전 : 백석문화대학 외래교수
전 : 성신여자대학 외래교수
SBS, KBS, EBS 방송 다수 출연

수상이력
2017년 국회의장상
2018년 농림축산식품부장관상 외 다수

저서
조리기능장 한식 실기(경록)
한국전통음식의맛(경록)
한식, 양식, 중식, (일식, 복어) 기능사 실기, 필기 각각 1권(경록)
한식조리산업기사 실기(경록)
떡제조기능사 필기, 실기(경록)
(양식, 중식, 일식 복어) 조리 산업기사(경록)
천연조미료와 스마트 저염식으로 만드는 어린이 식단(크라운출판사)
한식, 양식, (중식, 일식, 복어) 기능사 실기, 필기, 문제집 각각 1권(한국고시회 출판사)

• 이경주 •

경기대학교 일반대학원 외식조리관리학 석사

자격증
조리기능장
조리산업기사(한식)
조리기능사(한식,양식,중식,일식,복어)
커피바리스타1급
커피핸드드립전문가1급
커피감정평가사1급
로스팅마스터1급
와인소믈리에1급
아동요리지도사1급
티소믈리에1급

경력
현 : 목동 중앙요리학원 원장
현 : 한국조리협회 상임이사
전 : 국제조리사관집업전문학교 교무부장
전 : 토마토요리학원 부원장
전 : 부천조리제과제빵직업전문학교 전임교사
전 : 한국요리학원 전임강사
코리아 월드푸드챔피언십 심사위원
국제요리&제과경연대회 심사위원

수상이력
2019 한국조리사협회중앙회 우수지도자상
2019,2020 대구시장상
2019,2021 국회의원상
국제요리&제과경연대회 라이브 금상
월드푸드챔피언십 금상 외 다수

저서
양식조리기능사 실기(경록)
중식조리기능사 실기(경록)
일식복어조리기능사 실기(경록)
양식, 중식, 일식, 복어 조리산업기사 실기(경록)
한식조리기능사 필기(크라운출판사)

저자 프로필 ②

· 정문석 ·

경기대학교 관광전문대학원 박사 과정 중

자격증
조리기능장 외 다수

경 력
현 : 사조회참치 대표
현 : 한국호텔관광전문학교 일식 조리 강의

수상이력
2016년 대통령상 외 다수

저 서
한국인의 맛(지구문화사)
한국전통음식(백산출판사)
양식조리산업기사&양식조리기능사(백산출판사) 외 다수
참치 해동 특허 3개 보유

사진 촬영   강혜정

시험장에서
눈을 의심할 만큼,
진가를 합격으로 확인하세요

정가 20,000원

경록 새 일식복어조리기능사  실기

발 행	2025년 1월 10일
인 쇄	2024년 11월 29일
EBS	2019년 ~ 2020년 교재
저 자	임인숙·이경주·정문석
발 행 자	이 성 태 / 李 星 兌
발 행 처	경록 / 景鹿
주 소	서울시 강남구 영동대로 114길 7 (삼성동 91-24) 경록메인홀
문 의	02)3453-3993 / 02)3453-3546
홈페이지	www.kyungrok.com
팩 스	02)556-7008
등 록	제16-496호
I S B N	979-11-93559-91-8 13590

개정법령 및 정오사항 등은 경록 홈페이지에서 서비스됩니다.

대표전화 1544-3589

이 책의 무단전재·복제를 금함

이 책은 저작권법에 의해 저작권이 보호됩니다. 무단전재 및 복제행위는 이 법 제36조에 의해 5년 이하의 징역 또는 5,000만원 이하의 벌금에 처하거나 병과(倂科)할 수 있습니다.

|새출제기준|
2025
|경록 ONLY 전문기획 인강교재|

경록새중식조리기능사
실기

임민숙 정문혁 이경주

머리말

인간의 즐거움 중에 첫 번째가 먹는 즐거움으로 행복 지수의 70% 이상 차지할 만큼 음식을 먹는다는 것은 얼마나 행복하고 즐거운 일인가? 라고 누구나 생각할 것입니다.

따라서 사람이 태어나서 살아 있는 한 죽는 날까지 먹는 일을 반복하게 됩니다. 그러므로 조리사의 할 일은 끝없이 많고도 중요합니다. 임무를 잘 수행하기 위해서는 조리에 대한 특별한 기술과 참된 인성이 결합되어 수준 높은 음식을 만들어 내야만 합니다. 조리사는 소비자가 만족할 만한 음식을 만들어 제공해야만 하고 조리사의 역할이 국민 건강증진과 행복을 추구하는 참된 직업 중에 으뜸에 속한다고 필자는 감히 말씀드리고자 합니다.

이 책을 펴내면서 미래의 조리사와 창업을 준비하는 독자분들에게 새벽의 등불이 되고자 합니다. 30년 이상 실무경력과 20년 이상 조리기능사 시험을 감독한 경험을 바탕으로 중식조리기능사 국가 지정 품목 20가지를 NCS 능력 단위별로 분류하고, 품목별로 재료의 준비과정부터 조리과정을 자세한 설명과 사진으로 정리하였습니다. 또한 국가 공개 문제 및 유의 사항을 수록하여 시험에 대비할 수 있도록 만들었으며, 시험에 출제될 수 있는 2가지 품목을 함께 조리할 때 시간을 절약하여 만들 수 있는 조리순서를 정리하여 2가지 품목을 시간 내에 제출할 수 있도록 하는 레시피를 정리하였습니다.

이 책을 이용하여 공부하시는 모든 수험자들의 합격을 기원합니다.

저자 일동

contents

머리말 · 3
출제기준(필기·실기) · 6
수험자 유의사항/위생상태 및 안전관리 세부기준 안내 · 18
위생상태 및 안전관리에 대한 채점기준 안내 · 20
시험장 실기 준비물 · 21

냉채 조리

오징어냉채 · 26   해파리냉채 · 31

튀김 조리

탕수육 · 35   깐풍기 · 40   탕수생선살 · 45

조림 조리

난자완스 · 50   홍쇼두부 · 56

edukyungrok.com

닭 해체하기 • 22
시험 길잡이 • 23

핵심정리 핸드북(요점정리) • 126
합격비법 모의시험 • 131
중식조리기능사 기출문제 • 140
저자 프로필 • 142

볶음 조리

마파두부 • 62

새우케첩볶음 • 64

양장피잡채 • 71

고추잡채 • 78

볶음 조리

채소볶음 • 82

라조기 • 88

부추잡채 • 93

경장육사 • 97

면 조리

유니짜장면 • 102

울면 • 108

밥 조리

새우볶음밥 • 113

후식 조리

빠스옥수수 • 118

빠스고구마 • 122

중식조리기능사

출제기준(필기)

| 직무분야 | 음식서비스 | 중직무분야 | 조리 | 자격종목 | 중식조리기능사 | 적용기간 | 2023.1.1.~2025.12.31. |

○ 직무내용 : 중식메뉴 계획에 따라 식재료를 선정, 구매, 검수, 보관 및 저장하며 맛과 영양을 고려하여 안전하고 위생적으로 음식을 조리하고 조리기구와 시설관리를 수행하는 직무이다.

| 필기검정방법 | 객관식 | 문제수 | 60 | 시험시간 | 1시간 |

필기 과목명	출제문제수	주요항목	세부항목	세세항목
중식 재료관리, 음식조리 및 위생관리	60	1 음식 위생관리	1. 개인 위생관리	1. 위생관리기준 2. 식품위생에 관련된 질병
			2. 식품 위생관리	1. 미생물의 종류와 특성 2. 식품과 기생충병 3. 살균 및 소독의 종류와 방법 4. 식품의 위생적 취급기준 5. 식품첨가물과 유해물질
			3. 작업장 위생관리	1. 작업장 위생 위해요소 2. 식품안전관리인증기준(HACCP) 3. 작업장 교차오염발생요소
			4. 식중독 관리	1. 세균성 및 바이러스성 식중독 2. 자연독 식중독 3. 화학적 식중독 4. 곰팡이 독소
			5. 식품위생 관계법규	1. 식품위생법령 및 관계법규 2. 농수산물 원산지 표시에 관한 법령 3. 식품 등의 표시·광고에 관한 법령
			6. 공중 보건	1. 공중보건의 개념 2. 환경위생 및 환경오염 관리 3. 역학 및 질병 관리 4. 산업보건관리

필기 과목명	출제 문제수	주요항목	세부항목	세세항목
		2 음식 안전관리	1. 개인 안전관리	1. 개인 안전사고 예방 및 사후 조치 2. 작업 안전관리
			2. 장비·도구 안전작업	1. 조리장비·도구 안전관리 지침
			3. 작업환경 안전관리	1. 작업장 환경관리 2. 작업장 안전관리 3. 화재예방 및 조치방법 4. 산업안전보건법 및 관련지침
		3 음식 재료관리	1. 식품재료의 성분	1. 수분 2. 탄수화물 3. 지질 4. 단백질 5. 무기질 6. 비타민 7. 식품의 색 8. 식품의 갈변 9. 식품의 맛과 냄새 10. 식품의 물성 11. 식품의 유독성분
			2. 효소	1. 식품과 효소
			3. 식품과 영양	1. 영양소의 기능 및 영양소 섭취기준
		4 음식 구매관리	1. 시장조사 및 구매관리	1. 시장조사 2. 식품구매관리 3. 식품재고관리
			2. 검수 관리	1. 식재료의 품질 확인 및 선별 2. 조리기구 및 설비 특성과 품질 확인 3. 검수를 위한 설비 및 장비 활용 방법
			3. 원가	1. 원가의 의의 및 종류 2. 원가분석 및 계산
		5 중식 기초조리실무	1. 조리 준비	1. 조리의 정의 및 기본 조리조작 2. 기본조리법 및 대량 조리기술 3. 기본 칼 기술 습득 4. 조리기구의 종류와 용도 5. 식재료 계량방법 6. 조리장의 시설 및 설비 관리

필기 과목명	출제 문제수	주요항목	세부항목	세세항목
			2. 식품의 조리원리	1. 농산물의 조리 및 가공·저장 2. 축산물의 조리 및 가공·저장 3. 수산물의 조리 및 가공·저장 4. 유지 및 유지 가공품 5. 냉동식품의 조리 6. 조미료와 향신료
			3. 식생활 문화	1. 중국 음식의 문화와 배경 2. 중국 음식의 분류 3. 중국 음식의 특징 및 용어
		6 중식 절임·무침 조리	1. 절임·무침조리	1. 절임·무침 준비 2. 절임류 만들기 3. 무침류 만들기 4. 절임 보관 무침 완성
		7 중식 육수·소스 조리	1. 육수·소스조리	1. 육수·소스 준비 2. 육수·소스 만들기 3. 육수·소스 완성 보관
		8 중식 튀김조리	1. 튀김조리	1. 튀김 준비 2. 튀김 조리 3. 튀김 완성
		9 중식 조림조리	1. 조림조리	1. 조림 준비 2. 조림 조리 3. 조림 완성
		10 중식 밥조리	1. 밥조리	1. 밥 준비 2. 밥 짓기 3. 요리별 조리하여 완성
		11 중식 면조리	1. 면조리	1. 면 준비 2. 반죽하여 면 뽑기 3. 면 삶아 담기 4. 요리별 조리하여 완성
		12 중식 냉채조리	1. 냉채조리	1. 냉채 준비 2. 냉채 조리 3. 냉채 완성
		13 중식 볶음조리	1. 볶음조리	1. 볶음 준비 2. 볶음 조리 3. 볶음 완성
		14 중식 후식 조리	1. 후식조리	1. 후식 준비 2. 더운 후식류 조리 3. 찬 후식류 조리 4. 후식류 완성

출제기준(실기)

중식조리기능사

직무 분야	음식서비스	중직무 분야	조리	자격 종목	중식조리기능사	적용 기간	2023.1.1.~2025.12.31.

○ 직무내용 : 중식메뉴 계획에 따라 식재료를 선정, 구매, 검수, 보관 및 저장하며 맛과 영양을 고려하여 안전하고 위생적으로 음식을 조리하고 조리기구와 시설관리를 수행하는 직무이다.
○ 수행준거 :
  1. 중식조리작업 수행에 필요한 위생관련지식을 이해하고 주방의 청결상태와 개인위생·식품위생을 관리하여 전반적인 조리작업을 위생적으로 수행할 수 있다.
  2. 중식 기초 조리작업 수행에 필요한 조리 기능 익히기를 활용할 수 있다.
  3. 적합한 식재료를 절이거나 무쳐서 요리에 곁들이는 음식을 조리할 수 있다.
  4. 육류나 가금류·채소류를 이용하여 끓이거나 양념류와 향신료를 배합하여 조리할 수 있다.
  5. 육류·갑각류·어패류·채소류·두부류 재료 특성을 이해하고 손질하여 기름에 튀겨 조리할 수 있다.
  6. 육류·생선류·채소류·두부에 각종 양념과 소스를 이용하여 조림을 할 수 있다.
  7. 쌀로 지은 밥을 이용하여 각종 밥 요리를 할 수 있다.
  8. 밀가루의 특성을 이해하고 반죽하여 면을 뽑아 각종 면 요리를 할 수 있다.

실기검정방법	작업형	시험시간	70분 정도

실기 과목명	주요항목	세부항목	세세항목
중식 조리 실무	1 음식 위생관리	1. 개인위생 관리하기	1. 위생관리기준에 따라 조리복, 조리모, 앞치마, 조리안전화 등을 착용할 수 있다. 2. 두발, 손톱, 손 등 신체청결을 유지하고 작업수행 시 위생습관을 준수할 수 있다. 3. 근무 중의 흡연, 음주, 취식 등에 대한 작업장 근무수칙을 준수할 수 있다. 4. 위생관련법규에 따라 질병, 건강검진 등 건강상태를 관리하고 보고할 수 있다.

실기 과목명	주요항목	세부항목	세세항목
		2. 식품위생 관리하기	1. 식품의 유통기한·품질 기준을 확인하여 위생적인 선택을 할 수 있다. 2. 채소·과일의 농약 사용여부와 유해성을 인식하고 세척할 수 있다. 3. 식품의 위생적 취급기준을 준수할 수 있다. 4. 식품의 반입부터 저장, 조리과정에서 유독성, 유해물질의 혼입을 방지할 수 있다.
		3. 주방위생 관리하기	1. 주방 내에서 교차오염 방지를 위해 조리생산 단계별 작업공간을 구분하여 사용할 수 있다. 2. 주방위생에 있어 위해요소를 파악하고, 예방할 수 있다. 3. 주방, 시설 및 도구의 세척, 살균, 해충·해서 방제 작업을 정기적으로 수행할 수 있다. 4. 시설 및 도구의 노후상태나 위생상태를 점검하고 관리할 수 있다. 5. 식품이 조리되어 섭취되는 전 과정의 주방 위생 상태를 점검하고 관리할 수 있다. 6. HACCP적용업장의 경우 HACCP관리기준에 의해 관리할 수 있다.
	2 음식 안전관리	1. 개인안전 관리하기	1. 안전관리 지침서에 따라 개인 안전관리 점검표를 작성할 수 있다. 2. 개인안전사고 예방을 위해 도구 및 장비의 정리 정돈을 상시할 수 있다. 3. 주방에서 발생하는 개인 안전사고의 유형을 숙지하고 예방을 위한 안전수칙을 지킬 수 있다. 4. 주방 내 필요한 구급품이 적정 수량 비치되었는지 확인하고 개인 안전 보호 장비를 정확하게 착용하여 작업할 수 있다. 5. 개인이 사용하는 칼에 대해 사용안전, 이동안전, 보관안전을 수행할 수 있다. 6. 개인의 화상사고, 낙상사고, 근육팽창과 골절사고, 절단사고, 전기기구에 의한 전기 쇼크 사고, 화재 사고와 같은 사고 예방을 위해 주의사항을 숙지하고 실천할 수 있다. 7. 개인 안전사고 발생 시 신속 정확한 응급조치를 실시하고 재발 방지 조치를 실행할 수 있다.

실기 과목명	주요항목	세부항목	세세항목
		2. 장비·도구 안전작업 하기	1. 조리장비·도구에 대한 종류별 사용방법에 대한 주의사항을 숙지할 수 있다. 2. 조리장비·도구를 사용 전 이상 유무를 점검할 수 있다. 3. 안전 장비 류 취급 시 주의사항을 숙지하고 실천할 수 있다. 4. 조리장비·도구를 사용 후 전원을 차단하고 안전 수칙을 지키며 분해하여 청소할 수 있다. 5. 무리한 조리장비·도구 취급은 금하고 사용 후 일정한 장소에 보관하고 점검할 수 있다. 6. 모든 조리장비·도구는 반드시 목적 이외의 용도로 사용하지 않고 규격품을 사용할 수 있다.
		3. 작업환경 안전관리 하기	1. 작업환경 안전관리 시 작업환경 안전관리 지침서를 작성할 수 있다. 2. 작업환경 안전관리 시 작업장 주변 정리 정돈 등을 관리 점검할 수 있다. 3. 작업환경 안전관리 시 제품을 제조하는 작업장 및 매장의 온·습도관리를 통하여 안전사고요소 등을 제거할 수 있다. 4. 작업장 내의 적정한 수준의 조명과 환기, 이물질, 미끄럼 및 오염을 방지할 수 있다. 5. 작업환경에서 필요한 안전관리시설 및 안전용품을 파악하고 관리할 수 있다. 6. 작업환경에서 화재의 원인이 될 수 있는 곳을 자주 점검하고 화재진압기를 배치하고 사용할 수 있다. 7. 작업환경에서의 유해, 위험, 화학물질을 처리기준에 따라 관리할 수 있다. 8. 법적으로 선임된 안전관리책임자가 정기적으로 안전교육을 실시하고 이에 참여할 수 있다.
	3 중식 기초 조리 실무	1. 기본 칼 기술 습득하기	1. 칼의 종류와 사용 용도를 이해할 수 있다. 2. 기본 썰기 방법을 습득할 수 있다. 3. 조리목적에 맞게 식재료를 썰 수 있다. 4. 칼을 연마하고 관리할 수 있다. 5. 중식 조리작업에 사용한 칼을 일정한 장소에 정리 정돈할 수 있다.

실기 과목명	주요항목	세부항목	세세항목
		2. 기본 기능 습득하기	1. 조리기기의 종류 및 용도에 대하여 이해하고 설명할 수 있다. 2. 조리에 필요한 조리도구를 사용하고 종류별 특성에 맞게 적용할 수 있다. 3. 계량법을 이해하고 활용할 수 있다. 4. 채소에 대하여 전처리 방법으로 처리할 수 있다. 5. 어패류에 대하여 전처리 방법으로 처리할 수 있다. 6. 육류에 대하여 전처리 방법으로 처리할 수 있다. 7. 중식조리의 요리별 육수 및 소스를 용도에 맞게 만들 수 있다. 8. 중식 조리작업에 사용한 조리도구와 주방을 정리 정돈할 수 있다.
		3. 기본 조리법 습득하기	1. 중국요리의 기본 조리방법과 조리과학을 이해할 수 있다. 2. 식재료 종류에 맞는 건열조리를 할 수 있다. 3. 식재료 종류에 맞는 습열조리를 할 수 있다. 4. 식재료 종류에 맞는 복합가열조리를 할 수 있다. 5. 식재료 종류에 맞는 비가열조리를 할 수 있다.
	4 중식 절임·무침 조리	1. 절임·무침 준비하기	1. 곁들임 요리에 필요한 절임 양과 종류를 선택할 수 있다. 2. 곁들임 요리에 필요한 무침의 양과 종류를 선택할 수 있다. 3. 표준 조리법에 따라 재료를 전처리하여 사용할 수 있다.
		2. 절임류 만들기	1. 재료의 특성에 따라 절임을 할 수 있다. 2. 절임 표준조리법에 준하여 산도, 염도 및 당도를 조절할 수 있다. 3. 절임의 용도에 따라 절임 기간을 조절할 수 있다.
		3. 무침류 만들기	1. 메뉴 구성을 고려하여 무침류 재료를 선택할 수 있다. 2. 무침 용도에 적합하게 재료를 썰 수 있다. 3. 무침 재료의 종류에 따라 양념하여 무칠 수 있다.
		4. 절임 보관·무침 완성하기	1. 절임류를 위생적으로 안전하게 보관할 수 있다. 2. 무침류를 위생적으로 안전하게 보관할 수 있다. 3. 절임이나 무침을 담을 접시를 선택할 수 있다.

실기 과목명	주요항목	세부항목	세세항목
	5 중식 육수·소스 조리	1. 육수·소스 준비하기	1. 육수의 종류에 따라서 도구와 재료를 준비할 수 있다. 2. 소스의 종류에 따라서 도구와 재료를 준비할 수 있다. 3. 필요에 맞도록 양념류와 향신료를 준비할 수 있다. 4. 가공 소스류를 특성에 맞게 준비할 수 있다.
		2. 육수·소스 만들기	1. 육수 재료를 손질할 수 있다. 2. 육수와 소스의 종류와 양에 맞는 기물을 선택할 수 있다. 3. 소스 재료를 손질하여 전처리할 수 있다. 4. 육수 표준조리법에 따라서 끓이는 시간과 화력의 강약을 조절할 수 있다. 5. 소스 표준조리법에 따라서 향, 맛, 농도, 색상의 정도를 조절할 수 있다.
		3. 육수·소스 완성 보관하기	1. 육수를 필요에 따라 사용할 수 있는 상태로 보관할 수 있다. 2. 소스를 필요에 따라 사용할 수 있는 상태로 보관할 수 있다. 3. 메뉴선택에 따라 육수와 소스를 다시 끓여 사용할 수 있다.
	6 중식 튀김 조리	1. 튀김 준비하기	1. 튀김의 특성을 고려하여 적합한 재료를 선정할 수 있다. 2. 각 재료를 튀김의 종류에 맞게 준비할 수 있다. 3. 튀김의 재료에 따라 온도를 조정할 수 있다.
		2. 튀김 조리하기	1. 재료를 튀김요리에 맞게 썰 수 있다. 2. 용도에 따라 튀김옷 재료를 준비할 수 있다. 3. 조리재료에 따라 기름의 종류, 양과 온도를 조절할 수 있다. 4. 재료 특성에 맞게 튀김을 할 수 있다. 5. 사용한 기름의 재사용 또는 폐기를 위한 처리를 할 수 있다.
		3. 튀김 완성하기	1. 튀김요리의 종류에 따라 그릇을 선택할 수 있다. 2. 튀김요리에 어울리는 기초 장식을 할 수 있다. 3. 표준조리법에 따라 색깔, 맛, 향, 온도를 고려하여 튀김요리를 담을 수 있다.

실기 과목명	주요항목	세부항목	세세항목
	7 중식 조림 조리	1. 조림 준비하기	1. 조림의 특성을 고려하여 적합한 재료를 선정할 수 있다. 2. 각 재료를 조림의 종류에 맞게 준비할 수 있다. 3. 조림의 종류에 맞게 도구를 선택할 수 있다.
		2. 조림 조리하기	1. 재료를 각 조림요리의 특성에 맞게 손질할 수 있다. 2. 손질한 재료를 기름에 익히거나 물에 데칠 수 있다. 3. 조림 조리를 위해 화력을 강약으로 조절할 수 있다. 4. 조림에 따라 양념과 향신료를 사용할 수 있다. 5. 조림요리 특성에 따라 전분으로 농도를 조절하여 완성할 수 있다.
		3. 조림 완성하기	1. 조림요리의 종류에 따라 그릇을 선택할 수 있다. 2. 조림요리에 어울리는 기초 장식을 할 수 있다. 3. 표준조리법에 따라 색깔, 맛, 향, 온도를 고려하여 조림요리를 담을 수 있다. 4. 도구를 사용하여 적합한 크기로 요리를 잘라 제공할 수 있다.
	8 중식 밥 조리	1. 밥 준비하기	1. 필요한 쌀의 양과 물의 양을 계량할 수 있다. 2. 조리방식에 따라 여러 종류의 쌀을 이용할 수 있다. 3. 계량한 쌀을 씻고 일정 시간 불려둘 수 있다.
		2. 밥 짓기	1. 쌀의 종류와 특성, 건조도에 따라 물의 양을 가감할 수 있다. 2. 표준조리법에 따라 필요한 조리기구를 선택하여 활용할 수 있다. 3. 주어진 일정과 상황에 따라 조리 시간과 방법을 조정할 수 있다. 4. 표준조리법에 따라 화력의 강약을 조절하여 가열 시간 조절, 뜸들이기를 할 수 있다. 5. 메뉴 종류에 따라 보온 보관 및 재가열을 실시할 수 있다.
		3. 요리별 조리하여 완성하기	1. 메뉴에 따라 볶음요리와 튀김요리를 곁들여 조리할 수 있다. 2. 화력의 강약을 조절하여 볶음밥을 조리할 수 있다. 3. 메뉴 구성을 고려하여 소스(짜장소스)와 국물(계란 국물 또는 짬뽕 국물)을 곁들여 제공할 수 있다. 4. 메뉴에 따라 어울리는 기초 장식을 할 수 있다.

실기 과목명	주요항목	세부항목	세세항목
	9 중식 면 조리	1. 면 준비하기	1. 면의 특성을 고려하여 적합한 밀가루를 선정할 수 있다. 2. 면 요리 종류에 따라 재료를 준비할 수 있다. 3. 면 요리 종류에 따라 도구·제면기를 선택할 수 있다.
		2. 반죽하여 면 뽑기	1. 면의 종류에 따라 적합하게 반죽하여 숙성할 수 있다. 2. 면 요리에 따라 수타면과 제면기를 이용하여 면을 뽑을 수 있다. 3. 면 요리에 따라 면의 두께를 조절할 수 있다.
		3. 면 삶아 담기	1. 면의 종류와 양에 따라 끓는 물에 삶을 수 있다. 2. 삶은 면을 찬물에 헹구어 면을 탄력 있게 할 수 있다. 3. 메뉴에 따라 적합한 그릇을 선택하여 차거나 따뜻하게 담을 수 있다
		4. 요리별 조리하여 완성하기	1. 메뉴에 따라 소스나 국물을 만들 수 있다. 2. 요리별 표준조리법에 따라 색깔, 맛, 향, 온도, 농도, 국물의 양을 고려하여 소스나 국물을 담을 수 있다. 3. 메뉴에 따라 어울리는 기초 장식을 할 수 있다.
	10 중식 냉채 조리	1. 냉채 준비하기	1. 선택된 메뉴를 고려하여 냉채요리를 선정할 수 있다. 2. 냉채 조리의 특성과 성격을 고려하여 재료를 준비할 수 있다. 3. 재료를 계절과 재료 수급 등 냉채요리 종류에 맞추어 손질할 수 있다.
		2. 기초 장식 만들기	1. 요리에 따른 기초 장식을 선정할 수 있다 2. 재료의 특성을 고려하여 기초 장식을 만들 수 있다. 3. 만들어진 기초 장식을 보관·관리할 수 있다.
		3. 냉채 조리하기	1. 무침·데침·찌기·삶기·조림·튀김·구이 등의 조리방법을 표준조리법에 따라 적용할 수 있다. 2. 해산물, 육류, 가금류, 채소, 난류 등 냉채의 일부로서 사용되는 재료를 표준조리법에 따른 적합한 소스를 선택하여 조리할 수 있다. 3. 냉채 종류에 따른 적합한 소스를 선택하여 조리할 수 있다. 4. 숙성 및 발효가 필요한 소스를 조리할 수 있다.

실기 과목명	주요항목	세부항목	세세항목
		4. 냉채 완성하기	1. 전체 식단의 양과 구성을 고려하여 제공하는 양을 조절할 수 있다. 2. 냉채요리의 모양새와 제공 방법을 고려하여 접시를 선택할 수 있다. 3. 숙성 시간과 온도, 선도를 고려하여 요리를 담아 낼 수 있다. 4. 냉채요리에 어울리는 기초 장식을 사용할 수 있다.
	11 중식 볶음 조리	1. 볶음 준비하기	1. 볶음의 특성을 고려하여 적합한 재료를 선정할 수 있다. 2. 볶음 방법에 따른 조리용 매개체(물, 기름류, 양념류)를 이용하고 선정할 수 있다. 3. 각 재료를 볶음의 종류에 맞게 준비할 수 있다.
		2. 볶음 조리하기	1. 재료를 볶음요리에 맞게 손질할 수 있다. 2. 썰어진 재료를 조리 순서에 맞게 기름에 익히거나 물에 데칠 수 있다. 3. 화력의 강약을 조절하고 양념과 향신료를 첨가하여 볶음요리의 농도를 조절할 수 있다. 4. 메뉴별 표준조리법에 따라 전분을 이용하여 볶음요리의 농도를 조절할 수 있다.
		3. 볶음 완성하기	1. 볶음요리의 종류와 제공 방법에 따른 그릇을 선택할 수 있다. 2. 메뉴에 따라 어울리는 기초 장식을 할 수 있다. 3. 메뉴의 표준조리법에 따라 볶음요리를 담을 수 있다.
	12 중식 후식 조리	1. 후식 준비하기	1. 주 메뉴의 구성을 고려하여 적합한 후식요리를 선정할 수 있다. 2. 표준조리법에 따라 후식 재료를 선택할 수 있다. 3. 소비량을 고려하여 재료의 양을 미리 조정할 수 있다. 4. 재료에 따라 전처리하여 사용할 수 있다.

실기 과목명	주요항목	세부항목	세세항목
		2. 더운 후식류 만들기	1. 메뉴의 구성에 따라 더운 후식의 재료를 준비할 수 있다. 2. 용도에 맞게 재료를 알맞은 모양으로 잘라 준비할 수 있다. 3. 조리재료에 따라 튀김 기름의 종류, 양과 온도를 조절할 수 있다. 4. 재료 특성에 맞게 튀김을 할 수 있다. 5. 알맞은 온도와 시간으로 설탕을 녹여 재료를 버무릴 수 있다.
		3. 찬 후식류 만들기	1. 재료를 후식요리에 맞게 썰 수 있다. 2. 후식류의 특성에 맞추어 조리를 할 수 있다. 3. 용도에 따라 찬 후식류를 만들 수 있다.
		4. 후식류 완성하기	1 후식요리의 종류와 모양에 따라 알맞은 그릇을 선택할 수 있다. 2 표준조리법에 따라 용도에 알맞은 소스를 만들 수 있다. 3. 더운 후식요리는 온도와 시간을 조절하여 만들 수 있다. 4. 후식요리의 종류에 맞춰 담아낼 수 있다.

중식조리기능사

수험자 유의사항

1. 만드는 순서에 유의하며, 위생과 숙련된 기능평가를 위하여 조리작업 시 맛을 보지 않습니다.
2. 지정된 수험자지참준비물 이외의 조리기구나 재료를 시험장내에 지참할 수 없습니다.
3. 지급재료는 시험 전 확인하여 이상이 있을 경우 시험위원으로부터 조치를 받고 시험 중에는 재료의 교환 및 추가지급은 하지 않습니다.
4. 요구사항 및 지급재료의 규격은 "정도"의 의미를 포함하며, 재료의 크기에 따라 가감하여 채점됩니다.
5. 위생복, 위생모, 앞치마, 마스크를 착용하여야 하며, 시험장비·조리기구 취급 등 안전에 유의합니다.
6. 다음 사항은 실격에 해당하여 채점대상에서 제외됩니다.
   가. 수험자 본인이 시험 도중 시험에 대한 포기 의사를 표현하는 경우
   나. 위생복, 위생모, 앞치마, 마스크를 착용하지 않은 경우
   다. 시험시간 내에 과제 두 가지를 제출하지 못한 경우
   라. 문제의 요구사항대로 과제의 수량이 만들어지지 않은 경우
   마. 완성품을 요구사항의 과제(요리)가 아닌 다른 요리(예, 달걀말이→달걀찜)로 만든 경우
   바. 불을 사용하여 만든 조리작품이 작품특성에 벗어나는 정도로 타거나 익지 않은 경우
   사. 해당 과제의 지급재료 이외 재료를 사용하거나, 요구사항의 조리기구(석쇠 등)로 완성품을 조리하지 않은 경우
   아. 지정된 수험자지참준비물 이외의 조리기술에 영향을 줄 수 있는 기구를 사용한 경우
   자. 가스레인지 화구 2개 이상(2개 포함) 사용한 경우
   차. 시험 중 시설·장비(칼, 가스레인지 등) 사용 시 시험위원 및 타수험자의 시험 진행에 위해를 일으킬 것으로 시험위원 전원이 합의하여 판단한 경우
   카. 요구사항에 표시된 실격 및 부정행위에 해당하는 경우
7. 항목별 배점은 위생상태 및 안전관리 5점, 조리기술 30점, 작품의 평가 15점입니다.
8. 시험시작 전 가벼운 몸 풀기(스트레칭) 동작으로 긴장을 풀고 시험을 시작합니다.

중식조리기능사

위생상태 및 안전관리 세부기준 안내

순번	구분	세부 기준
1	위생복 상의	• 전체 흰색, 손목까지 오는 긴소매 　- 조리과정에서 발생 가능한 안전사고(화상 등) 예방 및 식품위생(체모 유입방지, 오염도 확인 등) 관리를 위한 기준 적용 　- 조리과정에서 편의를 위해 소매를 접어 작업하는 것은 허용 　- 부직포, 비닐 등 화재에 취약한 재질이 아닐 것, 팔토시는 긴팔로 불인정 • 상의 여밈은 위생복에 부착된 것이어야 하며 벨크로(일명 찍찍이), 단추 등의 크기, 색상, 모양, 재질은 제한하지 않음(단, 핀 등 별도 부착한 금속성은 제외)
2	위생복 하의	• 색상·재질무관, 안전과 작업에 방해가 되지 않는 발목까지 오는 긴바지 　- 조리기구 낙하, 화상 등 안전사고 예방을 위한 기준 적용
3	위생모	• 전체 흰색, 빈틈이 없고 바느질 마감처리가 되어 있는 일반 조리장에서 통용되는 위생모 (모자의 크기, 길이, 모양, 재질(면·부직포 등)은 무관)
4	앞치마	• 전체 흰색, 무릎아래까지 덮이는 길이 　- 상하일체형(목끈형) 가능, 부직포·비닐 등 화자에 취약한 재질이 아닐 것
5	마스크	• 침액을 통한 위생상의 위해 방지용으로 종류는 제한하지 않음 (단, 감염병 예방법에 따라 마스크 착용 의무화 기간에는 '투명 위생 플라스틱 입가리개'는 마스크 착용으로 인정하지 않음)
6	위생화 (작업화)	• 색상 무관, 굽이 높지 않고 발가락·발등·발뒤꿈치가 덮여 안전사고를 예방할 수 있는 깨끗한 운동화 형태
7	장신구	• 일체의 개인용 장신구 착용 금지 (단, 위생모 고정을 위한 머리핀 허용)
8	두발	• 단정하고 청결할 것, 머리카락이 길 경우 흘러내리지 않도록 머리망을 착용하거나 묶을 것
9	손 / 손톱	• 손에 상처가 없어야 하나, 상처가 있을 경우 보이지 않도록 할 것 (시험위원 확인 하에 추가 조치 가능) • 손톱은 길지 않고 청결하며 매니큐어, 인조손톱 등을 부착하지 않을 것
10	폐식용유 처리	• 사용한 폐식용유는 시험위원이 지시하는 적재장소에 처리할 것
11	교차오염	• 교차오염 방지를 위한 칼, 도마 등 조리기구 구분 사용은 세척으로 대신하여 예방할 것 • 조리기구에 이물질(예, 테이프)을 부착하지 않을 것
12	위생관리	• 재료, 조리기구 등 조리에 사용되는 모든 것은 위생적으로 처리하여야 하며, 조리용으로 적합한 것일 것
13	안전사고 발생 처리	• 칼 사용(손 빔) 등으로 안전사고 발생 시 응급조치를 하여야 하며, 응급조치에도 지혈이 되지 않을 경우 시험진행 불가
14	눈금표시 조리도구	• 눈금표시된 조리기구 사용 허용(실격 처리되지 않음. 2022년부터 적용) (단, 눈금표시에 재어가며 재료를 써는 조리작업은 조리기술 및 숙련도 평가에 반영)
15	부정 방지	• 위생복, 조리기구 등 시험장 내 모든 개인물품에는 수험자의 소속 및 성명 등의 표식이 없을 것 (위생복의 개인 표식 제거는 테이프로 부착 가능)
16	테이프 사용	• 위생복 상의, 앞치마, 위생모의 소속 및 성명을 가리는 용도로만 허용

※ 위 내용은 식품안전관리인증기준(HACCP) 평가(심사) 매뉴얼, 위생등급 가이드라인 평가기준 및 시행상의 운영사항을 참고하여 작성된 기준입니다.

중식조리기능사

위생상태 및 안전관리에 대한 채점기준 안내

위생 및 안전 상태	채점기준
① 위생복(상/하의), 위생모, 앞치마, 마스크 중 한 가지라도 미착용한 경우 ② 평상복(흰 티셔츠, 와이셔츠), 패션모자(흰 털모자, 비니, 야구모자) 등 기준을 벗어난 위생복장을 착용한 경우	실격 (채점대상 제외)
③ 위생복(상/하의), 위생모, 앞치마, 마스크를 착용하였더라도 • 무늬가 있거나 유색의 위생복 상의·위생모·앞치마를 착용한 경우 • 흰색의 위생복 상의·앞치마를 착용하였더라도 부직포, 비닐 등 화재에 취약한 재질의 복장을 착용한 경우 • 팔꿈치가 덮이지 않는 짧은 팔의 위생복을 착용한 경우 • 위생복 하의의 색상, 재질은 무관하나 짧은 바지, 통이 넓은 힙합 스타일 바지, 타이츠, 치마 등 안전과 작업에 방해가 되는 복장을 착용한 경우 • 위생모가 뚫려 있어 머리카락이 보이거나, 수건 등으로 감싸 바느질 마감 처리가 되어 있지 않고 풀어지기 쉬워 일반 조리장용으로 부적합한 경우 ④ 이물질(예, 테이프) 부착 등 식품위생에 위배되는 조리기구를 사용한 경우	'위생상태 및 안전관리' 점수 전체 0점
⑤ 위생복(상/하의), 위생모, 앞치마, 마스크를 착용하였더라도 • 위생복 상의가 팔꿈치를 덮기는 하나 손목까지 오는 긴소매가 아닌 위생복(팔토시 착용은 긴소매로 불인정), 실험복 형태의 긴 가운, 핀 등 금속을 별도 부착한 위생복을 착용하여 세부기준을 준수하지 않았을 경우 • 테두리선, 칼라, 위생모 짧은 창 등 일부 유색의 위생복 상의·위생모·앞치마를 착용한 경우 (테이프 부착 불인정) • 위생복 하의가 발목까지 오지 않는 8부바지 • 위생복(상/하의), 위생모, 앞치마, 마스크에 수험자의 소속 및 성명을 테이프 등으로 가리지 않았을 경우 ⑥ 위생화(작업화), 장신구, 두발, 손/손톱, 폐식용유 처리, 안전사고 발생 처리 등 '위생상태 및 안전관리 세부기준'을 준수하지 않았을 경우 ⑦ '위생상태 및 안전관리 세부기준' 이외에 위생과 안전을 저해하는 기타 사항이 있을 경우	'위생상태 및 안전관리' 점수 일부 감점

※ 위 기준에 표시되어 있지 않으나 일반적인 개인위생, 식품위생, 주방위생, 안전관리를 준수하지 않았을 경우 감점처리 될 수 있습니다.
※ 수도자의 경우 제복 + 위생복 상의/하의, 위생모, 앞치마, 마스크 착용 허용

시험장 실기 준비물

준비물		규격	단위	수량	비고
위생복		상의 - 백색 하의 - 긴바지(색상 무관)	벌	1	위생복장을 제대로 갖추지 않을 경우는 실격처리됩니다.
위생모 또는 머리수건		백색	EA	1	
앞치마		백색(남, 녀 공용)	EA	1	
마스크			EA	1	
계량스푼		사이즈별	SET	1	
계량컵		200ml	EA	1	
국대접			EA	1	
공기			EA	1	
고무주걱		소	EA	1	
나무젓가락		40~50cm 정도	SET	1	
나무주걱		소	EA	1	
냄비		조리용	EA	1	시험장에도 준비되어 있음
도마		흰색 또는 나무도마	EA	1	시험장에도 준비되어 있음
랩, 호일		조리용	EA	1	
볼(bowl)		크기 제한 없음	EA	1	시험장에도 준비되어 있음
소창 또는 면보		30×30cm 정도	장	1	
쇠조리(혹은 체)		조리용	EA	1	시험장에도 준비되어 있음
위생타올		면	매	1	
위생팩		비닐팩	EA	1	
상비의약품		손가락골무, 밴드 등	EA	1	시험장에도 준비되어 있음
이쑤시개		-	EA	1	
종이컵		-	EA	1	
칼		조리용 칼, 칼집 포함	EA	1	
		중식칼	EA	1	
키친타올(종이)		주방용(소 18×20cm)	장	1	
숟가락		-	EA	2	스테인리스
프라이팬	중형	-	EA	1	시험장에도 준비되어 있음
	튀김팬	-	EA	1	

닭 해체하기

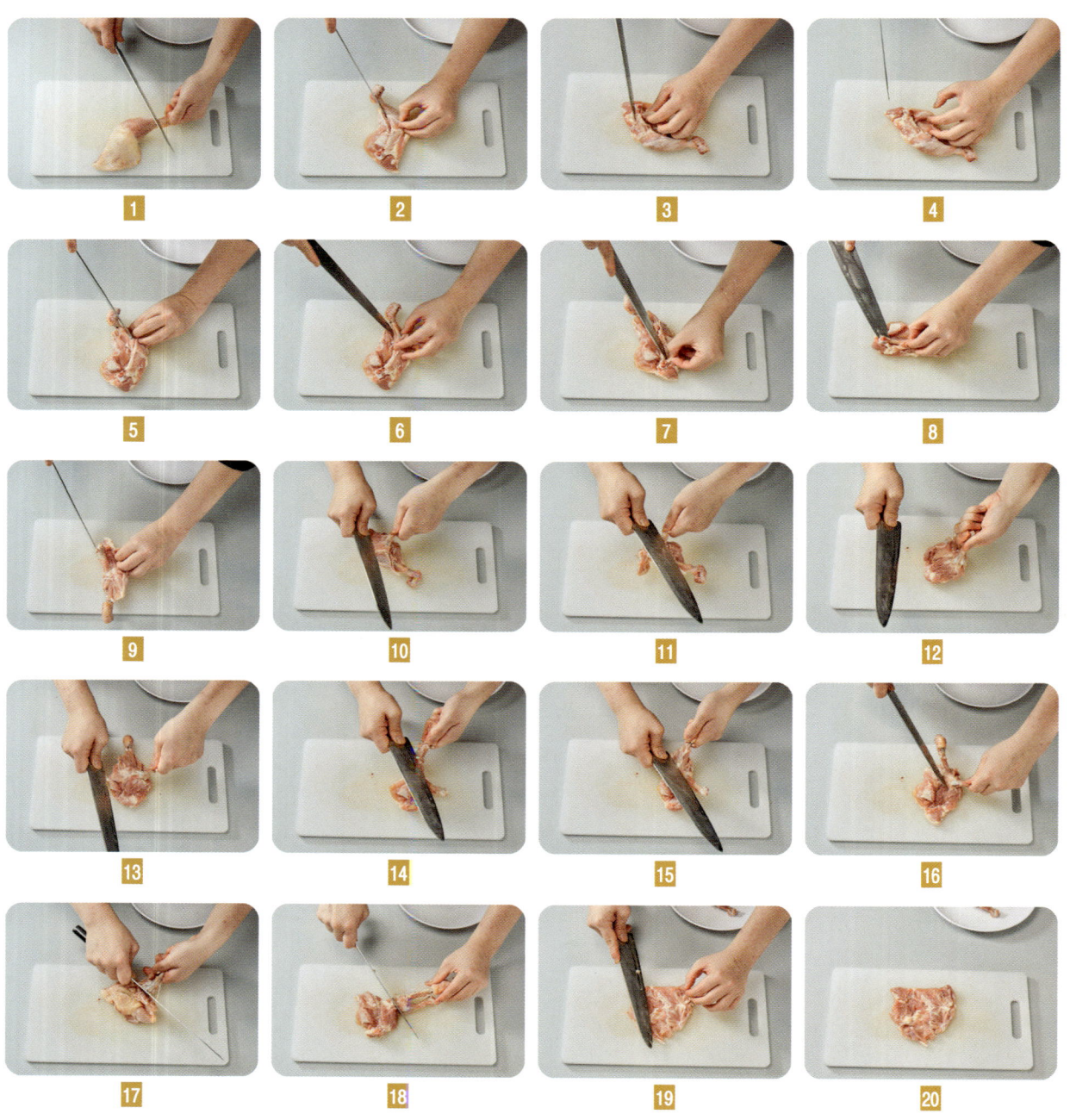

시험 길잡이

항 목	내 용

중식 조리사 시험은 2가지 메뉴에 따라 50분에서 길게는 70분 이내에 만들어 제출합니다
보통 2과제를 50~55분 동안 만들 수 있는 메뉴가 가장 많이 출제됩니다.
연습할 때 2가지 메뉴를 동시에 만들어 시간 내에 할 수 있는지 연습하는 것이 중요합니다.

항 목	내 용
1 요구사항을 꼭 지킨다.	- 요구사항에 있는 양과 개수는 꼭 지킨다. - 양이나 개수가 부족하면 실격 처리된다. - 요구사항을 암기하면 빨리할 수 있다.
2 지급재료를 암기하면 빨리할 수 있다.	- 암기에 자신이 없으면 지급재료를 보면서 빠트리지 않고 만든다.
3 재료는 씻으면서 처음부터 분리한다.	- 접시 2개를 놓고 재료를 씻으면서 분리한다. - 1과제에 들어갈 재료를 2과제에 넣으면 안 된다. - 지급재료에 없는 재료를 넣으면 오작 처리된다. - 2가지에 공통으로 들어가는 재료는 미리 분리하지 않으면 한 가지 메뉴에 다 넣는 경우가 많다.
4 수량과 규격은 꼭 지킨다.	- 재료는 규격대로 썰거나 만들고 빠스옥수수 같이 수량이 있는 것은 수량을 꼭 지킨다.
5 도마 사용은 깨끗한 재료부터 사용한다.	- 도마는 깨끗한 재료부터 순서대로 썰고 행주나 물로 닦아가면서 사용한다. 계속 물에 세척 하면 시간이 부족할 수 있다. - 도마 위에 2가지 재료가 올리지 않도록 주의한다.
6 물전분 이용한 요리와 냉채는 나중에 완성한다.	- 물전분으로 농도를 맞추는 요리는 미리 만들면 되직해지므로 미리 준비해놓고 소스만 나중에 만든다. - 냉채는 소스까지 미리 준비하고 소스는 제출 직전에 뿌리거나 버무린다.
7 재료는 필요한 만큼만 사용한다.	- 재료는 메뉴에 따라 필요 이상 나오는 경우가 있다. - 모든 재료를 다 손질하면 시간이 부족 할 수 있다. - 중식을 재료를 손질하여 썰어 놓고 튀기고 볶고 소스 만드는 순서로 만들면 시간을 절약할 수 있다.

중식조리기능사 실기

냉채 조리

오징어냉채
涼拌魷魚
서늘할 량, 뒤섞을 반, 오징어 우, 물고기 어

시험시간 20분

오징어냉채

요구사항 ※ 주어진 재료를 사용하여 다음과 같이 오징어냉채를 만드시오.

가. 오징어 몸살은 종횡으로 칼집을 내어 3~4cm로 썰어 데쳐서 사용하시오.
나. 오이는 얇게 3cm 편으로 썰어 사용하시오.
다. 겨자를 숙성시킨 후 소스를 만드시오.

재료

- 갑오징어살 100g
  (오징어 대체 가능)
- 오이 1/3개
  (가늘고 곧은 것, 길이 20cm)
- 식초 30mL
- 흰설탕 15g
- 소금(정제염) 2g
- 참기름 5mL
- 겨자 20g

만드는 법

1. 겨잣가루 1T에 따뜻한 물 1T를 넣고 갠다.
2. 겨자는 따뜻한 냄비 뚜껑 위에 덮어 숙성시킨다.
3. 오이는 반 갈라서 3cm 길이로 편 썰어 놓는다.
4. 오징어는 내장, 다리, 껍질을 제거한 후 안쪽에 종횡으로 칼집을 넣어 4×3cm로 썰어 놓는다.
5. 끓는 물에 소금을 조금 넣고 오징어를 데쳐 찬물에 헹군다.
6. 숙성시킨 겨자에 설탕 1.5T를 넣고 잘 섞은 다음 식초 1.5T, 소금 약간, 참기름 약간 넣어 겨자소스를 만든다.

    tip 숙성시킨 겨자에 설탕을 먼저 넣고 잘 섞은 다음 식초를 조금씩 나누어 섞으면 겨자가 잘 풀린다.

7. 오징어에 겨자소스를 넣고 무친 다음 오이를 넣고 무쳐 접시에 담아 완성한다.

합격 point

1. 갑오징어는 두꺼우므로 칼집을 깊이 넣는다.
2. 오징어는 꼭 안쪽에 일정한 깊이로 칼집을 넣고 일정한 간격으로 썰어야 모양이 좋다.
3. 오징어냉채는 미리 재료를 준비하고 제출 직전에 겨자소스를 뿌리거나 무쳐서 제출한다.

조리과정 오징어냉채

1 겨잣가루 1T에 따뜻한 물 1T를 넣고 갠다.

3 오이는 반 갈라서 3cm 길이로 편 썰어 놓는다.

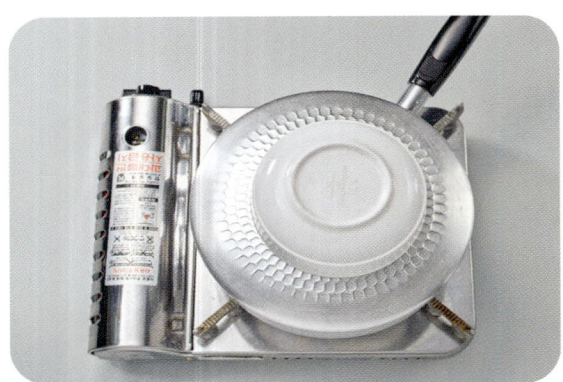

2 겨자는 따뜻한 냄비 뚜껑 위에 엎어 숙성시킨다.

조리과정 오징어냉채

4. 오징어는 내장, 다리, 껍질을 제거한 후 안쪽에 종횡으로 칼집을 넣어 4×3cm로 썰어 놓는다.

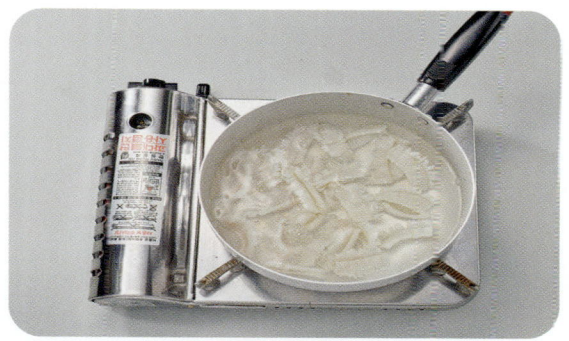

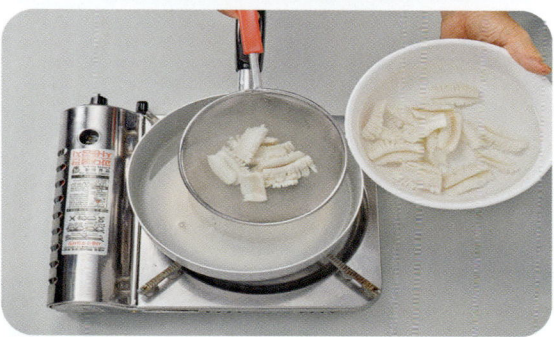

5. 끓는 물에 소금을 조금 넣고 오징어를 데쳐 찬물에 헹군다.

6. 숙성시킨 겨자에 설탕 1.5T를 넣고 잘 섞은 다음 식초 1.5T, 소금 약간, 참기름 약간 넣어 겨자소스를 만든다.

> **tip** 숙성시킨 겨자에 설탕을 먼저 넣고 잘 섞은 다음 식초를 조금씩 나누어 섞으면 겨자가 잘 풀린다.

조리과정 오징어냉채

7 오징어에 겨자소스를 넣고 무친 다음 오이를 넣고 무쳐 접시에 담아 완성한다.

냉채 조리

해파리냉채
涼拌海蜇皮

서늘할 량, 뒤섞을 반, 바다 해, 해파리 철, 가죽 피

시험시간
20분

해파리냉채

재료

- 해파리 150g
- 오이 1/2개
  [가늘고 곧은 것(20cm)]
- 마늘 3쪽 [중(깐 것)]
- 식초 45mL
- 흰설탕 15g
- 소금(정제염) 7g
- 참기름 5mL

요구사항 ※ 주어진 재료를 사용하여 다음과 같이 해파리냉채를 만드시오.

가. 해파리는 염분을 제거하고 살짝 데쳐서 사용하시오.
나. 오이는 0.2cm × 6cm 크기로 어슷하게 채를 써시오.
다. 해파리와 오이를 섞어 마늘 소스를 끼얹어 내시오.

만드는 법

1. 해파리는 여러 번 씻어 식초를 넣고 주물러 물에 담가 짠맛을 뺀다.
2. 오이는 길이 6cm 두께 0.2cm로 어슷하게 썰어 0.2×0.2×6cm로 채 썬다.
3. 마늘은 곱게 다진다.
4. 다진 마늘 1T, 설탕 1T, 식초 1T, 소금 약간, 참기름 약간 넣어 소스를 만든다.
5. 해파리는 잘 헹구어 짠맛을 뺀 후 80~90℃ 물에 살짝 데쳐서 바로 찬물에 헹구어 수분을 제거한다.

   tip 해파리 데칠 때 온도가 높거나 오래 데치면 오그라들고 질겨지므로 주의한다.

6. 오이와 해파리를 젓가락으로 섞어서 접시에 담은 후 소스를 끼얹어 완성한다.

   tip 해파리냉채는 미리 준비하고 소스는 제출 직전에 끼얹어 낸다.

합격 point

1. 해파리는 씻을 때와 데칠 때 식초를 넣으면 냄새가 잘 빠지고 부드럽고 투명하다.

조리과정 해파리냉채

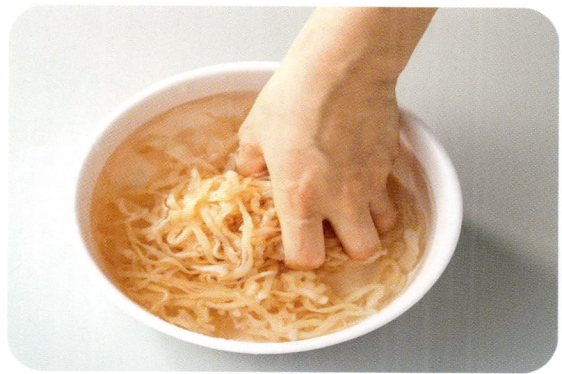

1 해파리는 여러 번 씻어 식초를 넣고 주물러 물에 담가 짠맛을 뺀다.

2 오이는 길이 6cm 두께 0.2cm로 어슷하게 썰어 0.2×0.2×6cm로 채 썬다.

3 마늘은 곱게 다진다.

4 다진 마늘 1T, 설탕 1T, 식초 1T, 소금 약간, 참기름 약간 넣어 소스를 만든다.

조리과정 해파리냉채

5 해파리는 잘 헹구어 짠맛을 뺀 후 80~90℃ 물에 살짝 데쳐서 바로 찬물에 헹구어 수분을 제거한다.

tip 해파리 데칠 때 온도가 높거나 오래 데치면 오그라들고 질겨지므로 주의한다.

6 오이와 해파리를 젓가락으로 섞어서 접시에 담은 후 소스를 끼얹어 완성한다.

tip 해파리냉채는 미리 준비하고 소스는 제출 직전에 끼얹어 낸다.

튀김 조리

탕수육
糖醋肉
사탕 당, 식초 초, 고기 육

시험시간
30분

탕수육

재료

- 돼지등심(살코기) 200g
- 진간장 15mL
- 달걀 1개
- 녹말가루(감자전분) 100g
- 식용유 800mL
- 식초 50mL
- 흰설탕 100g
- 대파 1토막 [흰 부분(6cm)]
- 당근 30g (길이로 썰어서)
- 완두(통조림) 15g
- 오이 1/4개 (원형으로 지급)
  [가늘고 곧은 것(20cm)]
- 건목이버섯 1개
- 양파 1/4개 [중(150g)]
- 청주 15mL

요구사항

※ 주어진 재료를 사용하여 다음과 같이 탕수육을 만드시오.

가. 돼지고기는 길이 4cm, 두께 1cm의 긴 사각형 크기로 써시오.
나. 채소는 편으로 써시오.
다. 앙금 녹말을 만들어 사용하시오.
라. 소스는 달콤하고 새콤한 맛이 나도록 만들어 돼지고기에 버무려 내시오.

만드는 법

1. 녹말과 물과 동량으로 섞어 가라앉으면 윗물은 버리고 앙금 녹말을 만든다.
   > **tip** 앙금 녹말을 만들 때 마른 녹말을 일부 남겨서 튀김옷이 질 경우 사용한다.
2. 완두콩은 끓은 물에 소금을 넣고 데친다.
3. 대파, 당근, 오이, 양파는 4×1.5cm 정도 크기로 편 썬다.
4. 목이버섯은 불려서 한입 크기로 뜯어 놓는다.
5. 녹말 1T, 물 2T를 섞어 물녹말을 만든다.
6. 돼지고기는 4×1×1cm로 긴 사각형으로 썰어 간장 1t, 청주 2t를 넣어 밑간한다.
7. 6에 달걀흰자와 앙금 녹말을 넣어 튀김옷을 입힌다.
8. 기름 170℃에 1번 튀긴 후 나무 주걱으로 두드려 다시 튀겨낸다.
   > **tip** 1번 튀긴 다음 두드리면 속에 있는 수분이 빠져나와 2번째 튀길 때 바싹하게 튀겨진다.
9. 팬에 식용유를 두른 후 대파를 볶다가 간장 1T, 청주 1T를 넣어 향을 낸다.
10. 9에 당근, 양파, 목이버섯을 넣고 볶은 후 물 1C, 설탕 3T, 식초 3T를 넣고 끓으면 물녹말을 넣어 소스의 농도를 맞춘다.
    > **tip** 물 1C, 설탕 3T, 식초 3T 섞어서 준비하면 시간을 단축할 수 있다.
    > **tip** 소스를 만들 때 물 전분은 조금씩 나누어 저어가면서 넣어야 탁하지 않고 뭉치지 않는다.
11. 소스가 완성되면 완두콩, 오이, 넣고 튀긴 돼지고기를 넣어 소스에 버무린 후 접시에 담아 완성한다.

합격 point

1. 돼지고기와 채소의 크기를 일정하게 썬다.
2. 소스를 만들 때 물녹말을 조금씩 저어가면 넣어야 투명한 소스가 되고 양이 많으면 적당한 양만 담는다.
3. 전분이 들어가는 소스는 완성을 미리 만들면 되직하게 된다.
4. 소스의 색과 양을 주의한다.

조리과정 탕수육

1 녹말과 물과 동량으로 섞어 가라앉으면 윗물은 버리고 앙금 녹말을 만든다.

tip 앙금 늑말을 만들 때 마른 녹말을 일부 남겨서 튀김옷이 질을 경우 사용한다.

2 완두콩은 끓은 물에 소금을 넣고 데친다.

4 돈이버섯은 불려서 한입 크기로 뜯어 놓는다.

3 대파, 당근, 오이, 양파는 4×1.5cm 정도 크기로 편 썬다.

5 녹말 1T, 물 2T를 섞어 물녹말을 만든다.

조리과정 탕수육

6 돼지고기는 4×1×1cm로 긴 사각형으로 썰어 간장 1t, 청주 2t를 넣어 밑간한다.

7 6에 달걀흰자와 앙금 녹말을 넣어 튀김옷을 입힌다.

9 팬에 식용유를 두른 후 대파를 볶다가 간장 1T, 청주 1T를 넣어 향을 낸다.

8 기름 170℃에 1번 튀긴 후 나무 주걱으로 두드려 다시 튀겨낸다.

tip 1번 튀긴 다음 두드리면 속에 있는 수분이 빠져나와 2번째 튀길 때 바싹하게 튀겨진다.

조리과정 탕수육

11 소스가 완성되면 완두콩, 오이, 넣고 튀긴 돼지고기를 넣어 소스에 버무린 후 접시에 담아 완성한다.

10 **9**에 당근, 양파, 목이버섯을 넣고 볶은 후 물 1C, 설탕 3T, 식초 3T를 넣고 끓으면 물 녹말을 넣어 소스의 농도를 맞춘다.

tip 물 1C, 설탕 3T, 식초 3T 섞어서 준비하면 시간을 단축할 수 있다.

tip 소스를 만들 때 물 전분은 조금씩 나누어 저어가면서 넣어야 탁하지 않고 뭉치지 않는다.

튀김 조리

깐풍기
乾烹鷄

마를 건, 삶을 팽, 닭 계

시험시간 **30분**

깐풍기

재료

- 닭다리 1개 [한 마리 1.2kg]
  (허벅지살 포함 반마리 지급 가능)
- 진간장 15mL
- 검은 후춧가루 1g
- 청주 15mL
- 달걀 1개
- 흰설탕 15g
- 녹말가루(감자전분) 100g
- 식초 15mL
- 마늘 3쪽 [중(깐 것)]
- 대파 2토막 [흰 부분(6cm)]
- 청피망 1/4개 [중(75g)]
- 홍고추(생) 1/2개
- 생강 5g
- 참기름 5mL
- 식용유 800mL
- 소금(정제염) 10g

요구사항

※ 주어진 재료를 사용하여 다음과 같이 깐풍기를 만드시오.

가. 닭은 뼈를 발라낸 후 사방 3cm 사각형으로 써시오.
나. 닭을 튀기기 전에 튀김옷을 입히시오.
다. 채소는 0.5cm × 0.5cm로 써시오.

만드는 법

1. 녹말과 물과 동량으로 섞어 가라앉으면 윗물은 버리고 앙금 녹말을 만든다.
2. 대파, 마늘, 생강을 다져 놓는다.
3. 청피망, 홍고추는 씨를 제거한 후 사방 0.5cm로 썰어 놓는다.
4. 닭 다리는 뼈와 살을 분리하여 2.5×2.5×2.5cm 크기로 썰어 소금, 검은 후춧가루, 청주를 약간씩 넣고 간한다.

   > **tip** 닭고기를 튀기면 커지므로 2.5×2.5cm 크기로 썬다.

5. 닭고기에 달걀흰자와 앙금 녹말을 넣어 튀김옷을 입혀 기름에 1번 튀긴 다음 나무 주걱으로 두드려 다시 튀겨 키친타월에 기름을 제거한다.

   > **tip** 한 번 튀긴 다음 두드리면 속에 있는 수분이 빠져나와 2번째 튀길 때 바싹하게 튀겨진다.

6. 팬에 기름을 두른 후 대파, 마늘, 생강을 넣고 볶다가 간장 1T, 청주 1T를 넣어 향을 내고 홍고추, 청피망 1/2을 넣고 볶는다.
7. 6에 물 3T, 설탕 1T, 식초 1T를 넣어 끓여 소스를 만든다.

   > **tip** 물 3T, 설탕 1T, 식초 1T를 섞어 한 번에 넣으면 편리하다.

8. 7에 튀긴 닭고기와 청피망 1/2, 참기름을 넣어 마무리한 후 접시에 담아 완성한다.

   > **tip** 청피망은 닭고기를 볶을 때 넣으면 색을 살려 만들 수 있다.

합격 *point*

1. 물녹말을 넣으면 안 된다.
2. 닭 크기를 일정하게 하고 국물이 없도록 만든다.

조리과정 깐풍기

1 녹말과 물과 동량으로 섞어 가라앉으면 윗물은 버리고 앙금 녹말을 만든다.

2 대파, 마늘, 생강을 다져 놓는다.

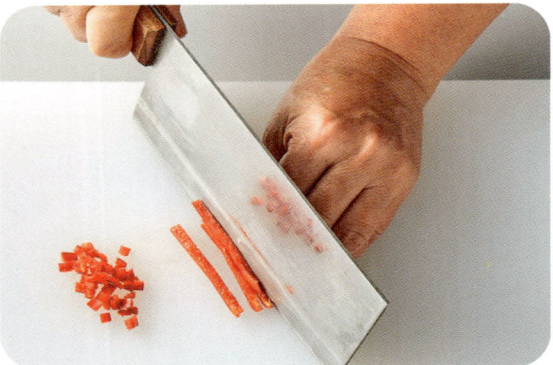

3 청피망, 홍고추는 씨를 제거한 후 사방 0.5cm 로 썰어 놓는다.

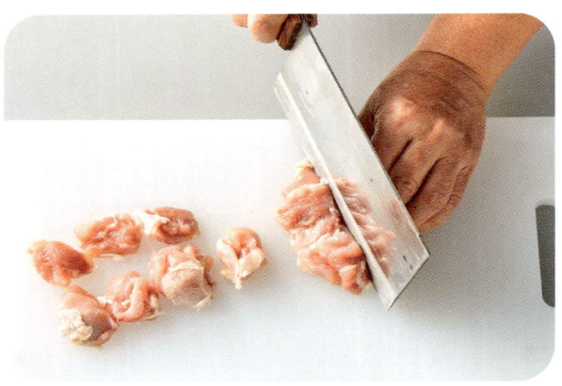

4 닭 다리는 뼈와 살을 분리하여 2.5×2.5×2.5cm 크기로 썰어 소금, 검은 후춧가루, 청주를 약간씩 넣고 간한다.

tip 닭고기를 튀기면 커지므로 2.5×2.5cm 크기로 썬다.

조리과정 깐풍기

5 닭고기에 달걀흰자와 앙금 녹말을 넣어 튀김옷을 입혀 기름에 한 번 튀긴 다음 나무 주걱으로 두드려 다시 튀겨 키친타월에 기름을 제거한다.

tip 한 번 튀긴 다음 두드리면 속에 있는 수분이 빠져나와 2번째 튀길 때 바싹하게 튀겨진다.

6 팬에 기름을 두른 후 대파, 마늘 생강을 넣고 볶다가 간장 1T, 청주 1T를 넣어 향을 내고 홍고추, 청피망 1/2을 넣고 볶는다.

7 **6**에 물 3T, 설탕 1T, 식초 1T를 넣어 끓여 소스를 만든다.

tip 물 3T, 설탕 1T, 식초 1T를 섞어 한 번에 넣으면 편리하다.

조리과정 깐풍기

8 **7**에 튀긴 닭고기와 청피망 1/2, 참기름을 넣어 마무리한 후 접시에 담아 완성한다.

tip 청피망은 닭고기를 볶을 때 넣으면 색을 살려 만들 수 있다.

튀김 조리

탕수생선살

糖醋魚塊

사탕 당, 식초 초, 물고기 어, 덩어리 괴

시험시간 30분

탕수생선살

재료

- 흰생선살 150g
  [껍질 벗긴 것(동태 또는 대구)]
- 당근 30g
- 오이 1/6개
  [가늘고 곧은 것(20cm)]
- 완두콩 20g
- 파인애플(통조림) 1쪽
- 건목이버섯 1개
- 녹말가루(감자전분) 100g
- 식용유 600mL
- 식초 60mL
- 흰설탕 100g
- 진간장 30mL
- 달걀 1개

요구사항

※ 주어진 재료를 사용하여 다음과 같이 탕수생선살을 만드시오.

가. 생선 살은 1cm × 4cm 크기로 썰어 사용하시오.
나. 채소는 편으로 썰어 사용하시오.
다. 소스는 달콤하고 새콤한 맛이 나도록 만들어 튀긴 생선에 버무려 내시오.

만드는 법

1. 녹말과 물과 동량으로 섞어 가라앉으면 윗물은 버리고 앙금 녹말을 만든다.
2. 완두콩은 데쳐놓는다.
3. 파인애플은 8등분하여 썰어 놓는다.
4. 당근, 오이는 4×1.5×0.3cm로 편 썰고 목이버섯은 불려서 한입 크기로 뜯어 놓는다.
5. 물녹말을 만들어 놓는다. (녹말 1T + 물 2T)
6. 생선 살은 4×1cm 썰어 놓는다.
   > **tip** 생선을 튀기면 커지므로 요구사항보다 조금 작게 썬다.
7. 생선에 달걀흰자와 앙금 녹말을 넣어 튀김 옷을 입힌다.
8. 생선을 기름 160℃에 1번 튀겨 나무 주걱으로 두드려 놓은 후 다시 튀겨낸다.
9. 팬에 기름을 두르고 당근, 오이, 목이버섯, 파인애플을 볶다가 물 1C, 간장 1T, 설탕 3T, 식초 3T를 넣고 끓이면 물녹말로 소스의 농도를 맞춘다.
10. 9에 튀긴 생선과 완두콩을 넣어 버무린 후 접시에 담아 완성한다.

합격 point

1. 물 1C, 간장 1T, 설탕 3T, 식초 3T를 함께 섞어 넣고 사용하면 시간을 단축할 수 있다.
2. 생선을 수분이 많아서 튀길 때 기름이 튀고 잘 부서지므로 수분을 잘 제거한다.
3. 앙금 녹말을 사용하여 튀김 옷을 만들어서 수분이 많으면 마른 전분으로 농도를 맞춘다.
4. 소스를 만들 때 물녹말을 조금씩 저어가면 넣어야 투명한 소스가 되고 소스 양이 많으면 소스를 적당한 양만 담는다.

조리과정 탕수생선살

1 녹말과 물과 동량으로 섞어 가라앉으면 윗물은 버리고 앙금 녹말을 만든다.

3 파인애플은 8 등분하여 썰어 놓는다.

2 완두콩은 데쳐 놓는다.

4 당근, 오이는 4×1.5×0.3cm로 편 썰고 목이버섯은 불려서 한입 크기로 뜯어 놓는다.

05 탕수생선살

조리과정 탕수생선살

5 물녹말을 만들어 놓는다. (녹말 1T + 물 2T)

6 생선 살은 4×1cm 썰어 놓는다.

tip 생선을 튀기면 커지므로 요구사항보다 조금 작게 썬다.

7 생선에 달걀흰자와 앙금 녹말을 넣어 튀김 옷을 입힌다.

8 생선을 기름 160℃에 1번 튀겨 나무 주걱으로 두드려 놓은 후 다시 튀겨낸다.

9 팬에 기름을 두르고 당근, 오이, 목이버섯, 파인애플을 볶다가 물 1C, 간장 1T, 설탕 3T, 식초 3T를 넣고 끓으면 물녹말로 소스의 농도를 맞춘다.

조리과정 탕수생선살

10 **9**에 튀긴 생선과 완두콩을 넣어 버무린 후 접시에 담아 완성한다.

조림 조리

난자완스
南煎丸子
남녘 남, 조릴 전, 알 환, 아들 자

시험시간 **25분**

난자완스

재료

- 돼지등심(다진 살코기) 200g
- 마늘 2쪽 [중(깐 것)]
- 대파 1토막 [흰 부분(6cm)]
- 소금(정제염) 3g
- 달걀 1개
- 녹말가루(감자전분) 50g
- 죽순 50g
  [통조림(whole), 고형분]
- 건표고버섯 2개
  (지름 5cm, 물에 불린 것)
- 생강 5g
- 검은 후춧가루 1g
- 청경채 1포기
- 진간장 15mL
- 청주 20mL
- 참기름 5mL
- 식용유 800mL

요구사항
※ 주어진 재료를 사용하여 다음과 같이 난자완스를 만드시오.

가. 완자는 지름 4cm로 둥글고 납작하게 만드시오.
나. 완자는 손이나 수저로 하나씩 떼어 팬에서 모양을 만드시오.
다. 채소는 4cm 크기의 편으로 써시오.(단, 대파는 3cm크기)
라. 완자는 갈색이 나도록 하시오.

만드는 법

1. 대파, 마늘, 생강은 편 썰어 놓는다.
2. 청경채는 4×1.5cm 편 썰어 끓는 물에 소금을 넣고 데쳐 헹군다.
3. 표고버섯은 4×1.5×0.3cm 편 썰어 끓는 물에 데친다.
4. 죽순은 석회를 제거하고 4×1.5×0.3cm 편 썰어 끓는 물에 데친다.
5. 다진 돼지고기는 핏물을 제거하여 소금, 간장, 검은 후춧가루, 청주 1t를 넣어 간 한 후 녹말가루와 달걀흰자 넣어 반죽한다.

   tip 완자는 젓가락으로 잘 저어 끈기 있게 만들어야 지질 때 갈라지지 않는다.

6. 팬에 기름을 두른 후 왼손에 반죽을 잡고 위로 올려 짜며 숟가락으로 3cm 크기로 둥글게 완자를 만들어 넣어 팬에 놓고 수저로 눌러 납작하게 4cm로 만들어 지진다.
7. 지진 완자를 기름에 갈색이 되도록 노릇하게 튀긴다.
8. 물녹말을 만들어 놓는다. (녹말 1T + 물 2T)
9. 팬에 식용유를 두른 후 대파, 마늘, 생강을 넣어 볶다가 간장 1T, 청주 1T를 넣어 향을 낸다.
10. 9에 표고버섯, 죽순을 넣고 볶다가 청경채를 넣어 볶은 후 물 1C을 넣고 끓으면 튀긴 완자를 넣어 끓인다.
11. 10에 검은 후춧가루를 넣고 물녹말로 농도를 맞춘 후 참기름을 넣어 접시에 담아 완성한다.

합격 point

1. 소스의 색과 농도에 주의한다.
2. 완자는 팬 낮은 온도에서 기름을 적게 넣고 수저로 모양을 만들어 익으면 다시 기름에 튀긴다.

조리과정 난자완스

1. 대파, 마늘, 생강은 편 썰어 놓는다.

2. 청경채는 4×1.5cm 편 썰어 끓는 물에 소금을 넣고 데쳐 헹군다.

3. 표고버섯은 4×1.5×0.3cm 편 썰어 끓는 물에 데친다.

조리과정 난자완스

4 죽순은 석회를 제거하고 4×1.5×0.3cm 편 썰어 끓는 물에 데친다.

5 다진 돼지고기는 핏물을 제거하여 소금, 간장, 검은 후춧가루, 청주 1t를 넣어 간한 후 녹말가루와 달걀흰자 넣어 반죽한다.

  tip 완자는 젓가락으로 잘 저어 끈기 있게 만들어야 지질 때 갈라지지 않는다.

6 팬에 기름을 두른 후 왼손에 반죽을 잡고 위로 올려 짜며 숟가락으로 3cm 크기로 둥글게 완자를 만들어 넣어 팬에 놓고 수저로 눌러 납작하게 4cm로 만들어 지진다.

조리과정 난자완스

7 지진 완자를 기름에 갈색이 되도록 노릇하게 튀긴다.

9 팬에 식용유를 두른 후 대파, 마늘, 생강을 넣어 볶다가 간장 1T, 청주 1T를 넣어 향을 낸다.

8 물녹말을 만들어 놓는다. (녹말 1T + 물 2T)

10 9에 표고버섯, 죽순을 넣고 볶다가 청경채를 넣어 볶은 후 물 1C을 넣고 끓으면 튀긴 완자를 넣어 끓인다.

조리과정 난자완스

11 **10**에 검은 후춧가루를 넣고 물녹말로 농도를 맞춘 후 참기름을 넣어 접시에 담아 완성한다.

조림 조리

홍쇼두부

紅燒豆腐

붉을 홍, 태울 소, 콩 두, 나쁜 냄새 부

시험시간 30분

홍쇼두부

재료

- 두부 150g
- 돼지등심(살코기) 50g
- 건표고버섯 1개
  (지름 5cm, 물에 불린 것)
- 죽순 30g
  [통조림(whole), 고형분]
- 마늘 2쪽 [중(깐 것)]
- 생강 5g
- 진간장 15mL
- 녹말가루(감자전분) 10g
- 청주 5mL
- 참기름 5mL
- 식용유 500mL
- 청경채 1포기
- 대파 1토막 [흰 부분(6cm)]
- 홍고추(생) 1개
- 양송이 1개
  [통조림(whole), 큰 것]
- 달걀 1개

요구사항 ※ 주어진 재료를 사용하여 다음과 같이 홍쇼두부를 만드시오.

가. 두부는 가로와 세로 5cm, 두께 1cm의 삼각형 크기로 써시오.
나. 채소는 편으로 써시오.
다. 두부는 으깨어지거나 붙지 않게 하고 갈색이 나도록 하시오.

만드는 법

1. 두부는 5×1cm 삼각형 모양으로 썰어 수분을 제거한다.
2. 대파, 마늘, 생강은 편 썰어 놓는다.
3. 청경채, 표고버섯, 죽순, 양송이는 4×1.5cm로 편 썰어 끓는 물에 데쳐서 찬물에 헹군다.
4. 홍고추는 반으로 갈라 씨 제거 후 4×1.5cm 편 썰어 놓는다.
5. 물녹말을 만들어 놓는다. (녹말 1T + 물 2T)
6. 돼지고기는 편 썰어 간장과 청주로 밑간을 한 후 달걀흰자와 녹말가루로 코팅해 놓는다.
7. 팬에 기름을 넉넉하게 두른 후 수분 제거한 두부를 노릇하게 튀겨 놓는다.
8. 팬에 기름을 넉넉히 두른 후 밑간한 돼지고기를 넣어 낮은 온도에서부터 풀어가며 익혀 체에 밭쳐 기름을 제거한다. (오래 익히지 않고 부드럽게 익히기)
9. 팬에 기름을 두른 후 대파, 마늘, 생강을 넣고 볶아 간장 1T, 청주 1t로 향을 낸다.
10. 9에 죽순, 표고버섯, 양송이, 청경채, 홍고추를 넣어 볶는다.
11. 10에 물 1C을 넣고 끓으면 돼지고기, 튀긴 두부를 넣고 물녹말로 농도를 맞춘 후 참기름을 넣어 접시에 담아 완성한다.

합격 point

1. 두부는 수분을 잘 빼야 노릇하게 잘 튀겨진다.
2. 채소의 크기를 일정하게 썬다.
3. 소스의 색과 농도, 양을 잘 조정하여 제출한다.

조리과정 홍쇼두부

1 두부는 5×1cm 삼각형 모양으로 썰어 수분을 제거한다.

2 대파, 마늘, 생강은 편 썰어 놓는다.

조리과정 홍쇼두부

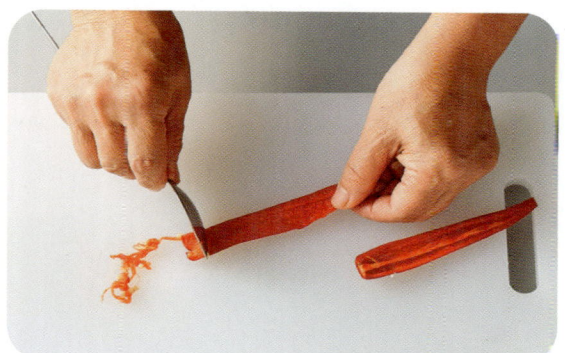

3. 청경채, 건표고버섯, 죽순, 양송이는 4×1.5cm로 편 썰어 끓는 물에 데쳐서 찬물에 헹군다.

4. 홍고추는 반으로 갈라 씨 제거 후 4×1.5cm 편 썰어 놓는다.

5. 물녹말을 만들어 놓는다. (녹말 1T + 물 2T)

조리과정 홍쇼두부

6 돼지고기는 편 썰어 간장과 청주로 밑간을 한 후 달걀흰자와 녹말가루로 코팅해 놓는다.

7 팬에 기름을 넉넉하게 두른 후 수분 제거한 두부를 노릇하게 튀겨 놓는다.

8 팬에 기름을 넉넉히 두른 후 밑간한 돼지고기를 넣어 낮은 온도에서부터 풀어가며 익혀 체에 밭쳐 기름을 제거한다. (오래 익히지 않고 부드럽게 익히기)

조리과정 홍쇼두부

9 팬에 기름을 두른 후 대파, 마늘, 생강을 넣고 볶아 간장 1T, 청주 1t로 향을 낸다.

10 **9**에 죽순, 표고버섯, 양송이, 청경채, 홍고추를 넣어 볶는다.

11 **10**에 물 1C을 넣고 끓으면 돼지고기, 튀긴 두부를 넣고 물녹말로 농도를 맞춘 후 참기름을 넣어 접시에 담아 완성한다.

볶음 조리

마파두부

麻婆豆腐

삼 마, 할미 파, 콩 두, 나쁜 냄새 부

시험시간 25분

마파두부

재료

- 두부 150g
- 마늘 2쪽 [중(깐 것)]
- 생강 5g
- 대파 1토막 [흰 부분(6cm)]
- 홍고추(생) 1/2개
- 두반장 10g
- 검은 후춧가루 5g
- 돼지등심(다진 살코기) 50g
- 흰설탕 5g
- 녹말가루(감자전분) 15g
- 참기름 5mL
- 식용유 60mL
- 진간장 10mL
- 고춧가루 15g

요구사항 ※ 주어진 재료를 사용하여 다음과 같이 마파두부를 만드시오.

가. 두부는 1.5cm의 주사위 모양으로 써시오.
나. 두부가 으깨어지지 않게 하시오.
다. 고추기름을 만들어 사용하시오.
라. 홍고추는 씨를 제거하고 0.5cm × 0.5cm로 써시오.

만드는 법

1 대파, 마늘, 생강은 다져 놓는다.
2 홍고추는 사방 0.5cm 썰어 놓는다.
3 두부는 사방 1.5cm 주사위 모양으로 썰어 끓는 물에 소금을 넣고 데쳐 놓는다.
  > **tip** 두부는 살짝 데쳐 체에 물만 뺀 후 접시에 바로 펼쳐야 두부 형태를 유지할 수 있다.
4 물녹말을 만들어 놓는다. (녹말 1T + 물 2T)
5 팬에 식용유 4T, 고춧가루 2T를 넣고 약한 불에서 끓여 고운체에 걸러 놓는다.
  > **tip** 체에 내린 고추기름은 찌꺼기가 있을 경우 가라앉힌 후 사용한다.
6 팬에 고추기름을 두른 후 대파, 마늘, 생강, 홍고추를 볶다가 돼지고기를 넣고 볶은 후 간장 1t를 넣어 향을 낸다.
7 6에 두반장 1T, 설탕 1t, 검은 후춧가루, 물 1C을 넣어 끓여 소스를 만든다.
8 소스에 두부를 넣고 끓이다가 물녹말로 농도를 맞춰놓은 후 참기름을 넣어 접시에 담아 완성한다.

합격 point
1. 두부가 부서지지 않도록 한다.
2. 고추기름은 낮은 온도에서 타지 않게 하고 키친타월에 거르면 색이 연해지므로 체에 바로 내리고 가라앉은 찌꺼기는 사용하지 않는다.
3. 소스의 색과 농도에 주의한다.

조리과정 마파두부

1 대파, 마늘, 생강은 다져 놓는다.

2 홍고추는 사방 0.5cm 썰어 놓는다.

3 두부는 사방 1.5cm 주사위 모양으로 썰어 끓는 물에 소금을 넣고 데쳐 놓는다.

tip 두부는 살짝 데쳐 체에 물만 뺀 후 접시에 바로 펼쳐야 두부 형태를 유지할 수 있다.

4 물녹말을 만들어 놓는다. (녹말 1T + 물 2T)

조리과정 마파두부

5 팬에 식용유 4T, 고춧가루 2T를 넣고 약한 불에서 끓여 고운체에 걸러 놓는다.
tip 체에 내린 고추기름은 찌꺼기가 있을 경우 가라앉힌 후 사용한다.

7 6에 두반장 1T, 설탕 1t, 검은 후춧가루, 물 1C를 넣어 끓여 소스를 만든다.

6 팬에 고추기름을 두른 후 대파, 마늘, 생강, 홍고추를 볶다가 돼지고기를 넣고 볶은 후 간장 1t를 넣어 향을 낸다.

8 소스에 두부를 넣고 끓이다가 물녹말로 농도를 맞춰놓은 후 참기름을 넣어 접시에 담아 완성한다.

볶음 조리

새우케첩볶음
蕃茄蝦仁

우거질 번, 연줄기 가 새우 하 어질 인

시험시간
25분

새우케첩볶음

재료

- 작은 새우살 200g (내장이 있는 것)
- 진간장 15mL
- 달걀 1개
- 녹말가루(감자전분) 100g
- 토마토케첩 50g
- 청주 30mL
- 당근 30g (길이로 썰어서)
- 양파 1/6개 [중(150g)]
- 소금(정제염) 2g
- 흰설탕 10g
- 식용유 800mL
- 생강 5g
- 대파 1토막 [흰 부분(6cm)]
- 이쑤시개 1개
- 완두콩 10g

요구사항 ※ 주어진 재료를 사용하여 다음과 같이 새우케첩볶음을 만드시오.

가. 새우 내장을 제거하시오.
나. 당근과 양파는 1cm 크기의 사각으로 써시오.

만드는 법

1. 녹말과 물과 동량으로 섞어 가라앉으면 윗물은 버리고 앙금 녹말을 만든다.

   tip 앙금 녹말을 만들 때 마른 녹말을 일부 남겨서 튀김옷이 질을 경우 사용한다.

2. 완두콩은 데쳐 놓는다.
3. 대파, 생강은 사방 0.5cm로 편 썰어 놓는다.
4. 당근, 양파는 1×1×0.2cm로 얇게 편 썰어 놓는다.
5. 물녹말을 만들어 놓는다. (녹말 1T + 물 2T)
6. 새우는 내장을 제거한 후 소금, 청주로 밑간하고 달걀흰자와 앙금 녹말로 튀김 옷을 입혀 기름에 튀겨 나무 주걱으로 두드려 다시 튀겨낸다. (2번 튀긴다)
7. 팬에 기름을 두른 후 대파, 생강을 넣고 볶다가 간장 1t, 청주 1T를 넣어 향을 낸다.
8. 7에 케첩 3T, 설탕 2t를 넣고 볶다가 물 1/3C을 넣어 소스를 만든 후 물녹말을 넣어 농도 조절한다.
9. 8에 튀긴 새우와 완두콩을 넣어 버무린 후 접시에 담아 완성한다.

합격 point

1. 바싹하게 2번 튀긴다.
2. 색과 농도에 주의한다.

조리과정 새우케첩볶음

1 녹말과 물과 동량으로 섞어 가라앉으면 윗물은 버리고 앙금 녹말을 만든다.

tip 앙금 녹말을 만들 때 마른 녹말을 일부 남겨서 튀김옷이 질을 경우 사용한다.

3 대파, 생강은 사방 0.5cm로 편 썰어 놓는다.

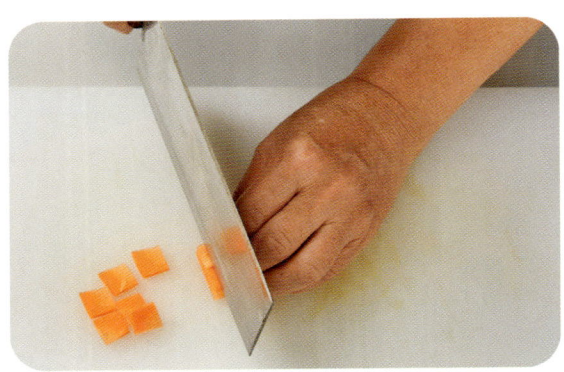

2 완두콩은 데쳐 놓는다.

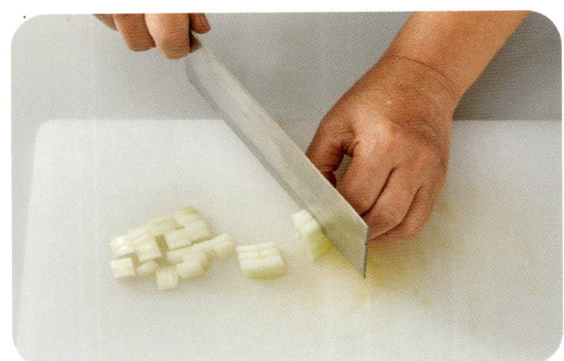

4 당근, 양파는 1×1×0.2cm로 얇게 편 썰어 놓는다.

조리과정 새우케첩볶음

5 물녹말을 만들어 놓는다. (녹말 1T + 물 2T)

7 팬에 기름을 두른 후 대파, 생강을 넣고 볶다가 간장 1t, 청주 1T를 넣어 향을 낸다.

6 새우는 내장을 제거한 후 소금, 청주로 밑간하고 달걀흰자와 앙금 녹말로 튀김 옷을 입혀 기름에 튀겨 나무 주걱으로 두드려 다시 튀겨낸다. (2번 튀긴다)

8 7에 케첩 3T, 설탕 2t를 넣고 볶다가 물 1/3C을 넣어 소스를 만든 후 물녹말을 넣어 농도 조절한다.

조리과정 새우케첩볶음

9 **8** 에 튀긴 새우와 완두콩을 넣어 버무린 후 접시에 담아 완성한다.

볶음 조리

양장피잡채
炒肉兩張皮
볶을 초, 고기 육, 어울러 량, 넓힐 장, 껍질 피

시험시간 35분

양장피잡채

재료

- 양장피 1/2장
- 돼지등심(살코기) 50g
- 양파 1/2개 [중(150g)]
- 조선부추 30g
- 건목이버섯 1개
- 당근 50g (길이로 썰어서)
- 오이 1/3개
  (가늘고 곧은 것, 길이 20cm)
- 달걀 1개
- 진간장 5mL
- 참기름 5mL
- 겨자 10g
- 식초 50mL
- 흰설탕 30g
- 식용유 20mL
- 작은 새우살 50g
- 갑오징어살 50g
  (오징어 대체 가능)
- 건해삼(불린 것) 60g
- 소금(정제염) 3g

요구사항

※ 주어진 재료를 사용하여 다음과 같이 양장피잡채를 만드시오.

가. 양장피는 4cm로 하시오.
나. 고기와 채소는 5cm 길이의 채를 써시오.
다. 겨자는 숙성시켜 사용하시오.
라. 볶은 재료와 볶지 않는 재료의 분별에 유의하여 담아내시오.

만드는 법

1. 겨잣가루 1T에 따뜻한 물 1T를 넣고 갠 후 따뜻한 냄비 뚜껑에 위에 엎어 숙성시킨다.
2. 오이, 당근은 5×0.3×0.3cm로 채 썰어 돌려 담는다.
   > **tip** 돌려 담는 재료는 썰면서 완성 접시에 담으면 시간을 절약할 수 있다.
3. 오징어는 껍질을 벗겨 안쪽에 칼집을 넣어 데쳐서 5cm 길이로 채 썰어 돌려 담는다.
4. 해삼은 데쳐서 5×0.3×0.3cm 길이로 채 썰어 돌려 담는다.
5. 새우는 내장을 제거하여 데쳐서 돌려 담는다.
6. 달걀은 황백으로 분리하여 지단을 부친 후 5×0.3×0.3cm 길이로 채 썰어 돌려 담는다.
7. 부추는 5cm 길이로 썰어 놓는다.
8. 목이버섯은 미지근한 물에 불려 이물질을 제거하고 먹기 좋은 크기로 뜯어 놓는다.
9. 양파와 돼지고기는 5cm 길이로 채 썰어 놓는다.
10. 팬에 기름을 두른 후 돼지고기를 볶다가 간장 1t를 넣어 향을 낸 후 양파, 목이버섯, 부추 순서로 넣고 볶아 소금과 참기름으로 간한다.
11. 양장피는 미지근한 물에 불려 끓는 물에 삶아 찬물에 헹군 다음 4cm 크기로 뜯어 설탕, 소금, 참기름으로 밑간한다.
    > **tip** 양장피와 목이버섯은 따뜻한 물에 미리 불려 놓고 시작한다.
12. 재료를 돌려 담은 접시 중간에 양장피 올리고 가운데 볶은 부추잡채를 올려 놓는다.
13. 숙성한 겨자 1T에 설탕 1.5T를 넣어 잘 섞은 다음 식초 1.5T, 소금, 참기름을 넣어 소스를 만들어 종지에 담아낸다.
    > **tip** 숙성시킨 겨자에 설탕을 먼저 넣고 잘 섞은 다음 식초를 조금씩 나누어 섞으면 겨자가 잘 풀린다.

합격 point

1. 시간이 부족하면 달걀을 황백으로 나누지 않고 합쳐서 부친다.
2. 돌려 담는 재료와 볶는 재료를 잘 구분해놓고 조리한다.
3. 다른 메뉴에 비해 시간이 부족하므로 재료를 바로 썰어 돌려 담으면서 한다.

조리과정 양장피잡채

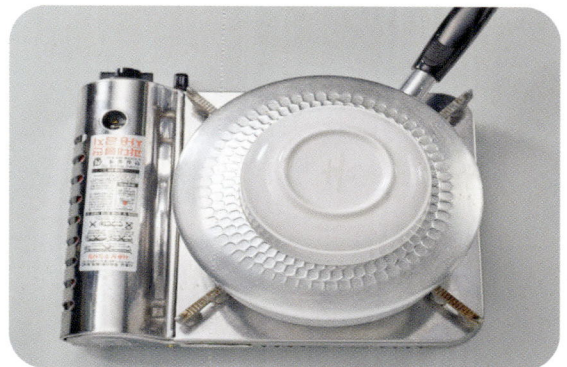

1 겨잣가루 1T에 따뜻한 물 1T를 넣고 갠 후 따뜻한 냄비 뚜껑에 위에 엎어 숙성시킨다.

2 오이, 당근은 5×0.3×0.3cm로 채 썰어 돌려 담는다.

tip 돌려 담는 재료는 썰면서 완성 접시에 담으면 시간을 절약할 수 있다.

조리과정 양장피잡채

3 오징어는 껍질을 벗겨 안쪽에 칼집을 넣어 데쳐서 5cm 길이로 채 썰어 돌려 담는다.

4 해삼은 데쳐서 5×0.3×0.3cm 길이로 채 썰어 돌려 담는다.

5 새우는 내장을 제거하여 데쳐서 돌려 담는다.

조리과정 양장피잡채

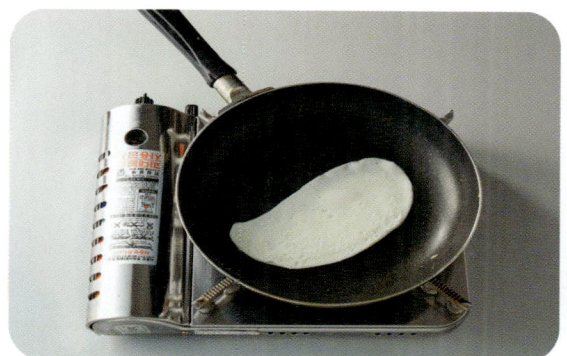

6 달걀은 황백으로 분리하여 지단을 부친 후 5×0.3×0.3cm 길이로 채 썰어 돌려 담는다.

8 목이버섯은 미지근한 물에 불려 이물질을 제거하고 먹기 좋은 크기로 뜯어 놓는다.

7 부추는 5cm 길이로 썰어 놓는다.

조리과정 양장피잡채

10 팬에 기름을 두른 후 돼지고기를 볶다가 간장 1t를 넣어 향을 낸 후 양파, 목이버섯, 부추 순서로 넣고 볶아 소금과 참기름으로 간한다.

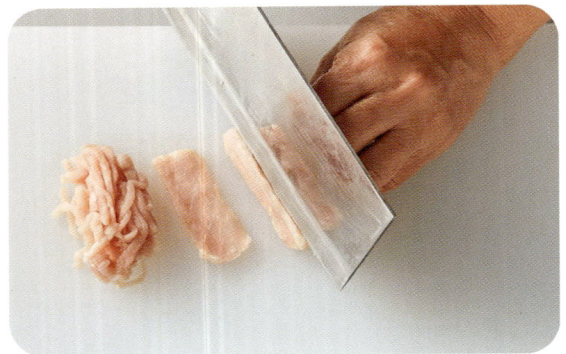

9 양파와 돼지고기는 5cm 길이로 채 썰어 놓는다.

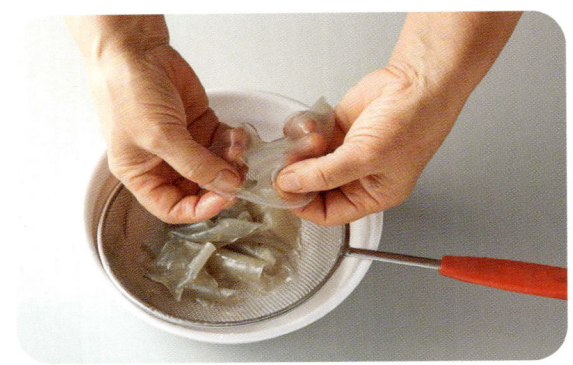

11 양장피는 미지근한 물에 불려 끓는 물에 삶아 찬물에 헹군 다음 4cm 크기로 뜯어 설탕, 소금, 참기름으로 밑간한다.

tip 양장피와 목이버섯은 따뜻한 물에 미리 불려 놓고 시작한다.

조리과정 양장피잡채

12 재료를 돌려 담은 접시 중간에 양장피 올리고 가운데 볶은 부추잡채를 올려 놓는다.

13 숙성한 겨자 1T에 설탕 1.5T를 넣어 잘 섞은 다음 식초 1.5T, 소금, 참기름을 넣어 소스를 만들어 종지에 담아낸다.

tip 숙성시킨 겨자에 설탕을 먼저 넣고 잘 섞은 다음 식초를 조금씩 나누어 섞으면 겨자가 잘 풀린다.

볶음 조리

고추잡채

青椒肉絲

푸를 청, 향기로울 초, 고기 육, 실 사

시험시간 25분

고추잡채

요구사항   ※ 주어진 재료를 사용하여 다음과 같이 고추잡채를 만드시오.

가. 주재료 피망과 고기는 5cm의 채로 써시오.
나. 고기는 간을 하여 기름에 익혀 사용하시오.

재료

- 돼지등심(살코기) 100g
- 청주 5mL
- 녹말가루(감자전분) 15g
- 청피망 1개 [중(75g)]
- 달걀 1개
- 죽순 30g
  [통조림(whole), 고형분]
- 건표고버섯 2개
  (지름 5cm, 물에 불린 것)
- 양파 1/2개 [중(150g)]
- 참기름 5mL
- 식용유 150mL
- 소금(정제염) 5g
- 진간장 15mL

만드는 법

1. 피망, 양파는 5cm로 채 썰어 놓는다.
2. 죽순, 표고버섯은 5×0.3×0.3cm로 채 썰어 데쳐 놓는다.
3. 돼지고기는 6×0.3×0.3cm 채 썰어 간장 1t, 청주 1/2t로 밑간한 후 달걀흰자 1t와 녹말가루 1T로 코팅해 놓는다.

   tip 채 써는 재료는 같은 굵기로 일정하게 썰어야 완성품의 형태가 좋다.

4. 팬에 기름을 넉넉히 두른 후 밑간한 돼지고기를 넣어 낮은 온도에서부터 풀어가며 익힌 후 체에 밭쳐 기름을 제거한다.

   tip 돼지고기 양념 시 달걀과 녹말은 약간만 사용하며, 저온의 기름에서 잘 풀어가며 붙지 않고 부드럽게 익힌다.

5. 팬에 기름을 두른 후 양파를 넣고 볶다가 간장 1/2T, 청주 1t를 넣어 향을 내고 죽순, 표고를 넣어 볶은 후 청피망을 넣고 볶다가 소금으로 간한다.
6. 5에 돼지고기, 참기름을 넣어 담아 완성한다.

합격 point

1. 재료를 일정한 굵기와 길이로 채 썬다.
2. 피망을 살짝 볶고 돼지고기를 넣어 완성한다.

조리과정 고추잡채

1 피망, 양파는 5cm로 채 썰어 놓는다.

3 돼지고기는 6×0.3×0.3cm 채 썰어 간장 1t, 청주 1/2t로 밑간한 후 달걀흰자 1t와 녹말가루 1T로 코팅해 놓는다.

tip 채 써는 재료는 같은 굵기로 일정하게 썰어야 완성품의 형태가 좋다.

2 죽순, 표고버섯은 5×0.3×0.3cm로 채 썰어 데쳐 놓는다.

조리과정 고추잡채

4 팬에 기름을 넉넉히 두른 후 밑간한 돼지고기를 넣어 낮은 온도에서부터 풀어가며 익힌 후 체에 받쳐 기름을 제거한다.

tip 돼지고기 양념 시 달걀과 녹말은 약간만 사용하며, 저온의 기름에서 잘 풀어가며 붙지 않고 부드럽게 익힌다.

6 5에 돼지고기, 참기름을 넣어 담아 완성한다.

5 팬에 기름을 두른 후 양파를 넣고 볶다가 간장 1/2T, 청주 1t를 넣어 향을 내고 죽순, 표고를 넣어 볶은 후 청피망을 넣고 볶다가 소금으로 간한다.

볶음 조리

채소볶음
炒蔬菜
볶을 초, 푸성귀 소, 채물 채

시험시간 25분

채소볶음

요구사항 ※ 주어진 재료를 사용하여 다음과 같이 채소볶음을 만드시오.

가. 모든 채소는 길이 4cm의 편으로 써시오.
나. 대파, 마늘, 생강을 제외한 모든 채소는 끓는 물에 살짝 데쳐서 사용하시오.

재료

- 청경채 1개
- 대파 1토막 [흰 부분(6cm)]
- 당근 50g (길이로 썰어서)
- 죽순 30g
  [통조림(whole), 고형분]
- 청피망 1/3개 [중(75g)]
- 건표고버섯 2개
  (지름 5cm, 물에 불린 것)
- 식용유 45mL
- 소금(정제염) 5g
- 진간장 5mL
- 청주 5mL
- 참기름 5mL
- 마늘 1쪽 [중(깐 것)]
- 흰 후춧가루 2g
- 생강 5g
- 셀러리 30g
- 양송이 2개
  [통조림(whole), 큰 것]
- 녹말가루(감자전분) 20g

만드는 법

1. 대파, 마늘, 생강은 편 썰어 놓는다.
2. 청경채, 청피망, 당근은 $4 \times 1.5 \times 0.3$cm로 편 썰어 놓는다.
3. 셀러리는 섬유질을 제거하여 $4 \times 1.5 \times 0.3$cm로 편 썰어 놓는다.
4. 죽순은 석회질을 제거하여 $4 \times 1.5 \times 0.3$cm로 편 썰어 놓는다.
5. 표고버섯, 양송이는 4×1.5cm로 편 썰어 놓는다.
6. 2~5를 끓는 물에 소금을 넣고 데쳐 찬물에 헹궈서 수분을 제거한다.
7. 물녹말을 만들어 놓는다. (녹말 1T + 물 2T)
8. 팬에 기름을 두르고 대파, 마늘, 생강을 볶음 후 간장 1/2t, 청주 1t를 넣어 향을 낸다.

   tip 간장은 적게 넣어 채소 색이 선명하고 살아 있게 살짝 볶는다.

9. 8에 죽순, 표고, 양송이, 당근을 넣고 볶다가 청경채, 셀러리, 청피망을 넣고 볶은 후 물 3T, 소금, 흰 후춧가루를 넣어 간한다.

   tip 물을 조금 넣어 국물이 흐르지 않고 녹말이 뭉치지 않으며 윤기 날 정도로 넣는다.

10. 9에 물녹말을 넣어 농도를 맞추고 참기름을 넣고 접시에 담아 완성한다.

합격 point

1. 채소의 크기를 일정하게 썬다.

조리과정 채소볶음

1 대파, 마늘, 생강은 편 썰어 놓는다.

2 청경채, 청피망, 당근은 4×1.5×0.3cm로 편 썰어 놓는다.

조리과정 채소볶음

3 셀러리는 섬유질을 제거하여 4×1.5×0.3cm로 편 썰어 놓는다.

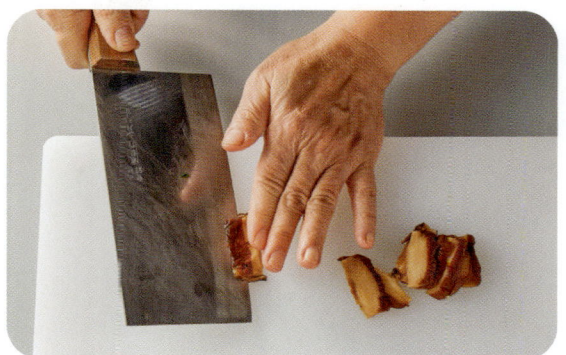

5 표고버섯, 양송이는 4×1.5cm로 편 썰어 놓는다.

4 죽순은 석회질을 제거하여 4×1.5×0.3cm로 편 썰어 놓는다.

6 **2**~**5**를 끓는 물에 소금을 넣고 데쳐 찬물에 헹궈서 수분을 제거한다.

조리과정 채소볶음

7 물녹말을 만들어 놓는다. (녹말 1T + 물 2T)

8 팬에 기름을 두르고 대파, 마늘, 생강을 볶음 후 간장 1/2t, 청주 1t를 넣어 향을 낸다.

tip 간장은 적게 넣어 채소 색이 선명하고 살아 있게 살짝 볶는다.

9 **8**에 죽순, 표고, 양송이, 당근을 넣고 볶다가 청경채, 셀러리, 청피망을 넣고 볶은 후 물 3T, 소금, 흰 후춧가루를 넣어 간한다.

tip 물을 조금 넣어 국물이 흐르지 않고 녹말이 뭉치지 않으며 윤기 날 정도로 넣는다.

조리과정 채소복음

10 **9**에 물녹말을 넣어 농도를 맞추고 참기름을 넣고 접시에 담아 완성한다.

볶음 조리

라조기

辣椒鷄

매울 랄, 향기로울 초, 닭 계

시험시간 30분

라조기

재료

- 닭다리 1개 (한 마리 1.2kg)
  (허벅지살 포함 반 마리 지급 가능)
- 죽순 50g
  [통조림(whole), 고형분]
- 건표고버섯 1개
  (지름 5cm, 물에 불린 것)
- 홍고추(건) 1개
- 양송이 1개
  [통조림(whole), 양송이 큰 것]
- 청피망 1/3개 [중(75g)]
- 청경채 1포기
- 생강 5g
- 대파 2토막 [흰 부분(6cm)]
- 마늘 1쪽 [중(깐 것)]
- 달걀 1개
- 진간장 30mL
- 소금(정제염) 5g
- 청주 15mL
- 녹말가루(감자전분) 100g
- 고추기름 10mL
- 식용유 900mL
- 검은 후춧가루 1g

요구사항

※ 주어진 재료를 사용하여 다음과 같이 라조기를 만드시오.

가. 닭은 뼈를 발라낸 후 5cm×1cm의 길이로 써시오.
나. 채소는 5cm×2cm의 길이로 써시오.

만드는 법

1. 녹말과 물을 동량으로 하여 가라앉으면 윗물은 버리고 앙금 녹말을 만든다.
2. 대파, 마늘, 생강은 편 썰어 놓는다.
3. 청경채, 죽순, 표고버섯, 양송이는 5×2×0.3cm 편 썰어 끓는 물에 소금을 넣고 데쳐서 찬물에 헹군다.
4. 피망, 건고추는 5×2cm로 편 썰어 놓는다.
5. 물녹말을 만들어 놓는다. (녹말 1T + 물 2T)
6. 닭 다리는 뼈와 살을 분리하여 힘줄을 제거한 다음 5×1×1cm 크기로 썰어 진간장, 검은 후춧가루, 청주로 밑간한다.
7. 닭고기에 달걀흰자와 앙금녹말을 넣어 튀김옷을 입혀 기름에 2번 튀겨낸다.
8. 팬에 고추기름을 두른 후 건고추, 대파, 마늘, 생강을 넣고 볶다가 간장 1T, 청주 1T를 넣어 향을 낸다.
9. 8에 표고버섯, 죽순, 양송이, 청경채, 피망을 넣고 볶은 후 물 1C, 검은 후춧가루를 넣어 끓으면 닭고기를 넣고 물녹말로 농도를 맞춘다.

tip 완성할 때 색이 흐리면 고추기름을 조금 넣어 색을 조정한다.

합격 point

1. 닭고기를 일정한 크기로 썬다.
2. 소스의 색과 농도를 주의한다.

조리과정 라조기

1 녹말과 물을 동량으로 하여 가라앉으면 윗물은 버리고 앙금 녹말을 만든다.

3 청경채, 죽순, 표고버섯, 양송이는 5×2×0.3cm 편 썰어 끓는 물에 소금을 넣고 데쳐서 찬물에 헹군다.

2 대파, 마늘, 생강은 편 썰어 놓는다.

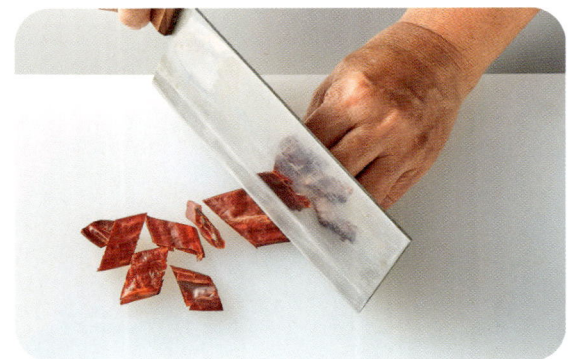

4 피망, 건고추는 5×2cm로 편 썰어 놓는다.

조리과정 라조기

5 물녹말을 만들어 놓는다. (녹말 1T + 물 2T)

7 닭고기에 달걀흰자와 앙금녹말을 넣어 튀김옷을 입혀 기름에 2번 튀겨낸다.

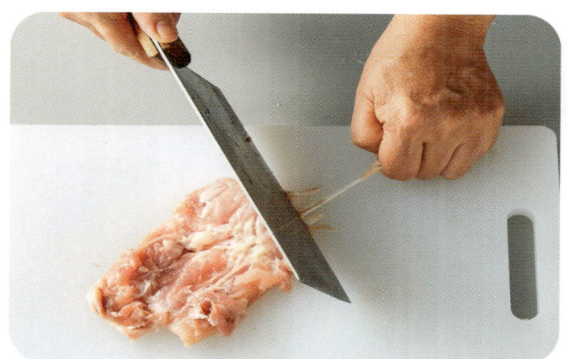

6 닭 다리는 뼈와 살을 분리하여 힘줄을 제거한 다음 5×1×1cm 크기로 썰어 진간장, 검은 후춧가루, 청주로 밑간한다.

8 팬에 고추기름을 두른 후 건고추, 대파, 마늘, 생강을 넣고 볶다가 간장 1T, 청주 1T를 넣어 향을 낸다.

조리과정 라조기

9 **8** 에 표고버섯, 죽순, 양송이, 청경채, 피망을 넣고 볶은 후 물 1C, 검은 후춧가루를 넣어 끓으면 닭고기를 넣고 물녹말로 농도를 맞춘다.

tip 완성할 때 색이 흐리면 고추기름을 조금 넣어 색을 조정한다.

볶음 조리

부추잡채

炒韭菜

볶을 초, 부추 구, 나물 채

시험시간 20분

부추잡채

재료
- 부추 120g [중국부추(호부추)]
- 돼지등심(살코기) 50g
- 달걀 1개
- 청주 15mL
- 소금(정제염) 5g
- 참기름 5mL
- 식용유 100mL
- 녹말가루(감자전분) 30g

요구사항 ※ 주어진 재료를 사용하여 다음과 같이 부추잡채를 만드시오.

가. 부추는 6cm 길이로 써시오.
나. 고기는 0.3 × 6cm 길이로 써시오.
다. 고기는 간을 하여 기름에 익혀 사용하시오.

만드는 법

1. 부추는 6cm 길이로 썰어 흰 줄기와 푸른 잎을 구분하여 놓는다.
2. 돼지고기는 키친타월에 싸서 핏물을 제거하여 6×0.2×0.2cm 채 썰어 소금과 청주로 밑간을 한 후 달걀흰자 1t, 녹말가루 1/2T 넣어 잘 버무린다.

   tip 고기는 익으면 굵어지므로 요구사항보다 가늘게 썬다.

3. 팬에 기름을 넉넉히 넣고 120℃ 되면 돼지고기를 넣어 뭉치지 않게 나무젓가락으로 저어가며 부드럽게 익혀 체에 밭쳐 기름을 뺀다.

   tip 돼지고기를 오래 익히지 않고 부드럽게 익힌다.
   tip 높은 온도에 돼지고기를 넣으면 뭉치고 안 익는다.

4. 팬에 기름을 두른 후 부추 흰 줄기와 소금과 청주를 넣고 볶다가 푸른 잎을 넣어 살짝 볶는다.
5. 4에 돼지고기를 넣고 살짝 볶아 참기름을 넣어 마무리한 후 완성 접시에 담는다.

합격 point
1. 돼지고기는 일정한 길이와 굵기로 썰고 데칠 때 낮은 온도에서 뭉치지 않게 익힌다.
2. 간장은 절대로 사용하지 않는다.

조리과정 부추잡채

1 부추는 6cm 길이로 썰어 흰 줄기와 푸른 잎을 구분하여 놓는다.

2 돼지고기는 키친타월에 싸서 핏물을 제거하여 6×0.2×0.2cm 채 썰어 소금과 청주로 밑간을 한 후 달걀흰자 1t, 녹말가루 1/2T 넣어 잘 버무린다.

> tip 고기는 익으면 굵어지므로 요구사항보다 가늘게 썬다.

3 팬에 기름을 넉넉히 넣고 120℃ 되면 돼지고기를 넣어 뭉치지 않게 나무젓가락으로 저어가며 부드럽게 익혀 체에 밭쳐 기름을 뺀다.

> tip 돼지고기를 오래 익히지 않고 부드럽게 익힌다.

> tip 높은 온도에 돼지고기를 넣으면 뭉치고 안 익는다.

4 팬에 기름을 두른 후 부추 흰 줄기와 소금과 청주를 넣고 볶다가 푸른 잎을 넣어 살짝 볶는다.

조리과정 부추잡채

5 4에 돼지고기를 넣고 살짝 볶아 참기름을 넣어 마무리한 후 완성 접시에 담는다.

볶음 조리

경장육사
京醬肉絲
서울 경, 된장 장, 고기 육, 실 사

시험시간 **30분**

경장육사

재료

- 돼지등심(살코기) 150g
- 죽순 100g
  [통조림(whole), 고형분]
- 대파 3토막 [흰 부분(6cm)]
- 달걀 1개
- 춘장 50g
- 식용유 300mL
- 흰설탕 30g
- 굴소스 30mL
- 청주 30mL
- 진간장 30mL
- 녹말가루(감자전분) 50g
- 참기름 5mL
- 마늘 1쪽 [중(깐 것)]
- 생강 5g

요구사항

※ 주어진 재료를 사용하여 다음과 같이 경장육사를 만드시오.

가. 돼지고기는 길이 5cm의 얇은 채로 썰고, 간을 하여 기름에 익혀 사용하시오.
나. 춘장은 기름에 볶아서 사용하시오.
다. 대파 채는 길이 5cm로 어슷하게 채 썰어 매운맛을 빼고 접시에 담으시오.

만드는 법

1. 대파는 5cm 길이로 어슷하게 채 썰어 찬물에 담가 매운맛을 제거한다.
2. 마늘, 대파 생강은 채 썰어 놓는다.
3. 죽순은 5×0.3×0.3cm 길이로 채 썰어 데쳐 놓는다.
4. 물녹말을 만들어 놓는다. (녹말 1T + 물 2T)
5. 돼지고기는 5cm 채 썰어 간장과 청주로 간을 한 후 달걀흰자 1/2T와 녹말가루 1.5T로 코팅해 놓는다.
6. 팬에 기름을 넉넉히 두른 후 밑간한 돼지고기를 넣어 낮은 온도에서부터 풀어가며 익혀 체에 받쳐 기름을 뺀다. (오래 익히지 않고 부드럽게 익히기)
7. 팬에 기름을 넉넉히 두른 후 춘장을 넣어 약한 불에서 볶아 놓는다.

   tip 춘장을 볶을 때 약한 불에서 조금 되직한 정도까지 타지 않게 볶는다.

8. 팬에 기름을 두른 후 마늘, 대파, 생강을 넣고 볶다가 간장 1t, 청주 1T를 넣어 향을 낸다.
9. 8에 죽순을 넣고 볶다가 춘장 1T, 굴소스 1t, 설탕 1/2T, 물 3T을 넣어 끓으면 돼지고기를 넣고 물녹말로 농도를 맞추고 참기름을 넣어 놓는다.

   tip 춘장은 색을 보며 넣는 양을 조절한다.

10. 접시에 수분 제거한 대파를 깔아놓은 후 볶은 고기를 올려 담아 완성한다.

합격 point

1. 파는 속대는 빼고 미리 채 썰어 물에 담가야 싱싱해 보이고 많아 보인다.
2. 돼지고기는 일정한 길이와 굵기로 썰고 데칠 때 낮은 온도에서 뭉치지 않게 익힌다.

조리과정 경장육사

1 대파는 5cm 길이로 어슷하게 채 썰어 찬물에 담가 매운맛을 제거한다.

3 죽순은 5×0.3×0.3cm 길이로 채 썰어 데쳐 놓는다.

2 마늘, 대파 생강은 채 썰어 놓는다.

4 물녹말을 만들어 놓는다. (녹말 1T + 물 2T)

조리과정 경장육사

5 돼지고기는 5cm 채 썰어 간장과 청주로 간을 한 후 달걀흰자 1/2T와 녹말가루 1.5T로 코팅해 놓는다.

7 팬에 기름을 넉넉히 두른 후 춘장을 넣어 약한 불에서 볶아 놓는다.

> tip 춘장을 볶을 때 약한 불에서 조금 되직한 정도까지 타지 않게 볶는다.

6 팬에 기름을 넉넉히 두른 후 밑간한 돼지고기를 넣어 낮은 온도에서부터 풀어가며 익혀 체에 밭쳐 기름을 뺀다.(오래 익히지 않고 부드럽게 익히기)

8 팬에 기름을 두른 후 마늘, 대파, 생강을 넣고 볶다가 간장 1t, 청주 1T를 넣어 향을 낸다.

조리과정 경장육사

9 8 에 죽순을 넣고 볶다가 춘장 1T, 굴소스 1t, 설탕 1/2T, 물 3T을 넣어 끓으면 돼지고기를 넣고 물녹말로 농도를 맞추고 참기름을 넣어 놓는다.

tip 춘장은 색을 보며 넣는 양을 조절한다.

10 접시에 수분 제거한 대파를 깔아놓은 후 볶은 고기를 올려 담아 완성한다.

면 조리

유니짜장면
肉泥炸醬麵
고기 육, 진흙 니, 튀길 작, 된장 장, 밀가루 면

시험시간 30분

유니짜장면

재료

- 돼지등심(다진 살코기) 50g
- 중식면(생면) 150g
- 양파 1개 [중(150g)]
- 호박(애호박) 50g
- 오이 1/4개
  (가늘고 곧은 것, 길이 20cm)
- 춘장 50g
- 생강 10g
- 진간장 50mL
- 청주 50mL
- 소금 10g
- 흰설탕 20g
- 참기름 10mL
- 녹말가루(감자전분) 50g
- 식용유 100mL

요구사항

※ 주어진 재료를 사용하여 다음과 같이 유니짜장면을 만드시오.

가. 춘장은 기름에 볶아서 사용하시오.
나. 양파, 호박은 0.5cm × 0.5cm 크기의 네모꼴로 써시오.
다. 중식면은 끓는 물에 삶아 찬물에 헹군 후 데쳐 사용하시오.
라. 삶은 면에 짜장소스를 부어 오이채를 올려내시오.

만드는 법

1. 다진 돼지고기는 키친타월을 이용해 핏물을 제거한다.
2. 생강은 곱게 다진다.
3. 양파와 호박은 0.5×0.5cm로 썰어 놓는다.
4. 오이는 어슷하게 편을 썬 후 곱게 채 썬다.
5. 물녹말을 만든다. (녹말 1T + 물 2T)
6. 팬에 식용유 1/3C을 두른 후 춘장을 넣어 약 불에서 볶는다.

    > **tip** 짜장을 볶을 때 약한 불에서 조금 되직한 정도까지 타지 않게 볶는다.
    > **tip** 짜장을 덜 볶으면 텁텁하고 태우면 쓴맛이 있다.

7. 팬에 기름을 두른 후 다진 생강과 다진 돼지고기를 넣고 볶다가 간장 1t, 청주 1T를 넣어 향을 낸 후 양파와 호박을 넣어 볶는다.
8. 7에 춘장 1T를 넣고 볶다가 물 1/2C을 넣어 끓으면 설탕 1/2T을 넣는다.
9. 8에 물녹말을 넣어 농도를 맞춘 후 참기름을 넣고 불을 끈다.
10. 끓는 물에 소금을 넣고 면을 넣어 끓으면 찬물을 넣고 끓여 익으면 찬물에 헹군 후 끓는 물에 다시 데쳐 그릇에 담는다.

    > **tip** 면 삶을 물을 미리 올려놓으면 조리 시간을 단축할 수 있다.

11. 따뜻한 면 위에 짜장 소스를 얹고 오이채를 올려서 완성한다.

합격 point

1. 시간이 부족하면 중화면 삶은 물을 버리지 않고 면 데울 때 재사용한다.
2. 소스의 색과 농도에 주의한다.

조리과정 유니짜장면

1 다진 돼지고기는 키친타월을 이용해 핏물을 제거한다.

3 양파와 호박은 0.5×0.5cm로 썰어 놓는다.

2 생강은 곱게 다진다.

4 오이는 어슷하게 편을 썬 후 곱게 채 썬다.

조리과정 유니짜장면

5 물녹말을 만든다. (녹말 1T + 물 2T)

6 팬에 식용유 1/3C을 두른 후 춘장을 넣어 약불에서 볶는다.

> tip 짜장을 볶을 때 약한 불에서 조금 되직한 정도까지 타지 않게 볶는다.

> tip 짜장을 덜 볶으면 텁텁하고 태우면 쓴맛이 있다.

7 팬에 기름을 두른 후 다진 생강과 다진 돼지고기를 넣고 볶다가 간장 1t, 청주 1T를 넣어 향을 낸 후 양파와 호박을 넣어 볶는다.

조리과정 유니짜장면

9 8에 물녹말을 넣어 농도를 맞춘 후 참기름을 넣고 불을 끈다.

8 7에 춘장 1T를 넣고 볶다가 물 1/2C을 넣어 끓으면 설탕 1/2T을 넣는다.

조리과정 유니짜장면

10 끓는 물에 소금을 넣고 면을 넣어 끓으면 찬물을 넣고 끓여 익으면 찬물에 헹군 후 끓는 물에 다시 데쳐 그릇에 담는다.

> **tip** 면 삶을 물을 미리 올려놓으면 조리 시간을 단축할 수 있다.

11 따뜻한 면 위에 짜장 소스를 얹고 오이채를 올려서 완성한다.

면 조리

울면
溫滷麵
따뜻할 온, 짠물 노, 밀가루 면

시험시간 **30분**

울면

재료

- 중식면(생면) 150g
- 오징어(몸통) 50g
- 작은 새우살 20g
- 조선부추 10g
- 대파 1토막 [흰 부분(6cm)]
- 마늘 3쪽 [중(깐 것)]
- 당근 20g [길이 6cm]
- 배추잎 20g (1/2잎)
- 건목이버섯 1개
- 양파 1/4개 [중(150g)]
- 달걀 1개
- 진간장 5mL
- 청주 30mL
- 참기름 5mL
- 소금 5g
- 녹말가루(감자전분) 20g
- 흰 후춧가루 3g

요구사항

※ 주어진 재료를 사용하여 다음과 같이 울면을 만드시오.

가. 오징어, 대파, 양파, 당근, 배추잎은 6cm 길이로 채를 써시오.
나. 중식면은 끓는 물에 삶아 찬물에 헹군 후 데쳐 사용하시오.
다. 소스는 농도를 잘 맞춘 다음, 달걀을 둘 때 덩어리지지 않게 하시오.

만드는 법

1. 목이버섯은 따뜻한 물에 불린다.
2. 대파(6cm 길이), 마늘은 채 썰어 놓는다.
3. 당근, 배추, 부추, 양파는 6cm로 채 썰어 놓는다.
4. 오징어는 껍질을 제거한 후 6cm로 채 썰어 놓는다.
   - **tip** 오징어는 찢어 먹는 결대로 채 썬다.
5. 새우는 내장을 제거한다.
6. 목이버섯은 먹기 좋은 크기로 찢어 놓는다.
7. 물녹말을 만들어 놓는다. (녹말 1T + 물 2T)
8. 냄비에 물 2.5C을 넣고 끓으면 대파, 마늘, 간장 1t, 청주 1T 넣어 끓인다.
9. 8에 당근, 양파, 배추, 목이버섯을 넣고 끓으면 새우, 오징어를 넣어 끓인다.
10. 9에 소금, 흰 후춧가루로 간을 하고 물녹말을 넣어 농도를 맞춘다.
11. 10에 달걀을 풀어서 약한 불에 넣은 후 부추와 참기름을 넣어 울면 소스를 만든다.
    - **tip** 달걀을 약한 불에서 넣고 조금 후에 한 방향으로 서서히 저어주면 덩어리지지 않고 잘 풀린다.
12. 끓는 물에 소금을 넣고 면을 넣어 끓으면 찬물을 넣고 끓어 면이 익으면 찬물에 헹군 후 끓는 물에 다시 데쳐 그릇에 담고 울면 소스를 얹는다.

합격 point

1. 면 삶을 물을 미리 올려놓으면 조리 시간을 단축할 수 있다.
2. 울면 전분 농도를 잘 맞추고 달걀이 뭉치지 않게 잘 풀어 놓는다.

조리과정 울면

1 목이버섯은 따뜻한 물에 불린다.

2 대파(6cm 길이), 마늘은 채 썰어 놓는다.

3 당근, 배추, 부추, 양파는 6cm로 채 썰어 놓는다.

조리과정 울면

4 오징어는 껍질을 제거한 후 6cm로 채 썰어 놓는다.

tip 오징어는 찢어 먹는 결대로 채 썬다.

7 물녹말을 만들어 놓는다. (녹말 1T + 물 2T)

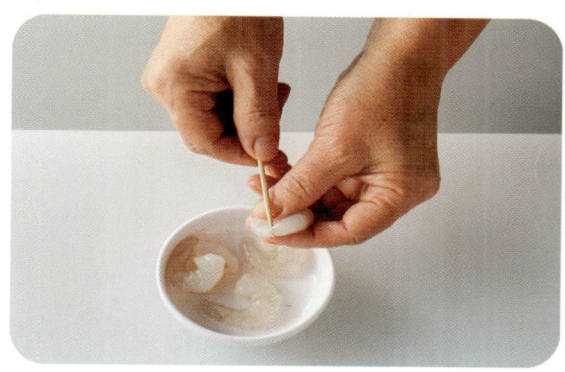

5 새우는 내장을 제거한다.

8 냄비에 물 2.5C을 넣고 끓으면 대파, 마늘, 간장 1t, 청주 1T 넣어 끓인다.

6 목이버섯은 먹기 좋은 크기로 찢어 놓는다.

9 8에 당근, 양파, 배추, 목이버섯을 넣고 끓으면 새우, 오징어를 넣어 끓인다.

조리과정 울면

10 **9**에 소금, 흰 후춧가루로 간을 하고 물녹말을 넣어 농도를 맞춘다.

11 **10**에 달걀을 풀어서 약한 불에 넣은 후 부추와 참기름을 넣어 울면 소스를 만든다.

tip 달걀을 약한 불에서 넣고 조금 후에 한 방향으로 서서히 저어주면 덩어리지지 않고 잘 풀린다.

12 끓는 물에 소금을 넣고 면을 넣어 끓으면 찬물을 넣고 끓어 면이 익으면 찬물에 헹군 후 끓는 물에 다시 데쳐 그릇에 담고 울면 소스를 얹는다.

밥 조리

새우볶음밥

蝦仁炒飯

새우 하, 어질 인, 볶을 초, 밥 반

시험시간 30분

새우볶음밥

요구사항 ※ 주어진 재료를 사용하여 다음과 같이 새우볶음밥을 만드시오.

가. 새우는 내장을 제거하고 데쳐서 사용하시오.
나. 채소는 0.5cm 크기의 주사위 모양으로 써시오.
다. 부드럽게 볶은 달걀에 밥, 채소, 새우를 넣어 질지 않게 볶아 전량 제출하시오.

재료

- 쌀 150g
  (30분 정도 물에 불린 쌀)
- 작은 새우살 30g
- 달걀 1개
- 대파 1토막 [흰 부분(6cm)]
- 당근 20g
- 청피망 1/3개 [중(75g)]
- 식용유 50mL
- 소금 5g
- 흰 후춧가루 5g

만드는 법

1. 새우는 내장을 제거한 후 끓는 물에 데쳐 놓는다.
2. 냄비에 불린 쌀과 물을 1:1 비율로 계량하여 밥을 지어 놓는다. (중불에서 끓으면 약한 불로 조절하여 8분간 뜸 드려 밥 짓기)
3. 대파, 당근, 피망은 0.5cm 주사위 모양으로 썰어 놓는다.
4. 달걀은 소금을 넣어 체에 내려서 기름을 두른 팬에 스크램블 해 놓는다.
5. 팬에 기름을 두른 후 대파, 당근을 볶다가 새우와 밥을 넣어 볶는다.
6. 5에 피망과 달걀을 넣어 볶아놓은 후 소금과 흰 후춧가루로 간을 맞춰 접시에 담아 완성한다.

합격 point

1. 밥을 고슬고슬하게 짓는다.
2. 밥알이 알알이 떨어지고 고슬고슬하게 나무 주걱을 세워서 볶는다.

조리과정 새우볶음밥

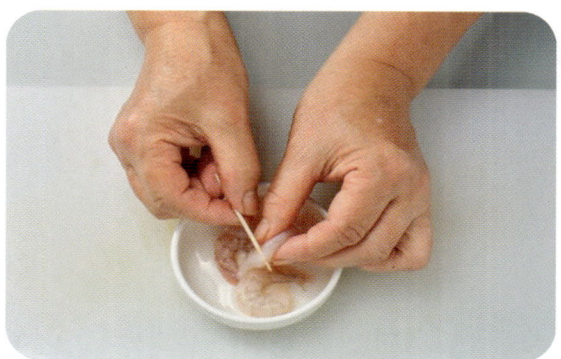

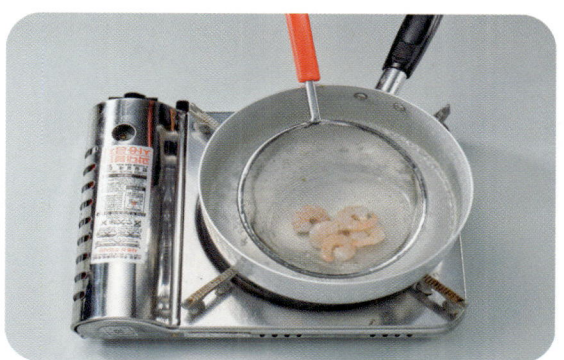

1 새우는 내장을 제거한 후 끓는 물에 데쳐 놓는다.

2 냄비에 불린 쌀과 물을 1:1 비율로 계량하여 밥을 지어 놓는다. (중 불에서 끓으면 약한 불로 조절하여 8분간 뜸 들여 밥 짓기)

조리과정 새우볶음밥

3 대파, 당근, 피망은 0.5cm 주사위 모양으로 썰어 놓는다.

4 달걀은 소금을 넣어 체에 내려서 기름을 두른 팬에 스크램블 해 놓는다.

조리과정 새우볶음밥

5. 팬에 기름을 두른 후 대파, 당근을 볶다가 새우와 밥을 넣어 볶는다.

6. 5에 피망과 달걀을 넣어 볶아놓은 후 소금과 흰 후춧가루로 간을 맞춰 접시에 담아 완성한다.

후식 조리

빠스옥수수
拔絲玉米
뺄 발, 실 사, 구슬 옥, 쌀 미

시험시간 **25분**

빠스옥수수

요구사항 ※ 주어진 재료를 사용하여 다음과 같이 빠스옥수수를 만드시오.

가. 완자의 크기를 지름 3cm 공 모양으로 하시오.
나. 땅콩은 다져 옥수수와 함께 버무려 사용하시오.
다. 설탕시럽은 타지 않게 만드시오.
라. 빠스옥수수는 6개 만드시오.

재료

- 옥수수 120g [통조림(고형분)]
- 땅콩 7알
- 밀가루(중력분) 80g
- 달걀 1개
- 흰설탕 50g
- 식용유 500mL

만드는 법

1. 땅콩은 껍질을 벗긴 후 굵게 다진다.
2. 옥수수는 체에 밭쳐 수분을 제거하여 굵게 다진다.
3. 다진 옥수수, 땅콩, 달걀노른자, 밀가루를 넣어 농도를 맞춰 반죽한다.
   - *tip* 옥수수 반죽을 오래 치대면 식감이 질겨지므로 가볍게 반죽하고 손에 굴려서 모양을 만들면 안 된다.
4. 튀김기름을 올린 후 반죽을 손에 쥐어 수저로 떠서 2.5cm 정도의 동그란 모양의 완자를 만들어 160℃에서 튀긴다. (6개)
   - *tip* 빠스가 완성되면 커지므로 조금 작게 만들어 튀긴다.
   - *tip* 온도를 잘 맞추어 속까지 잘 익힌다.
5. 팬에 기름 1T를 넣어 전체를 코팅한 다음 설탕 3T를 넣고 녹으면 저어가면서 갈색의 시럽을 만든다.
6. 시럽에 튀긴 완자를 넣고 고루 버무리면서 찬물 1t를 넣어 저어 기름을 넉넉히 바른 접시에 빠스가 서로 붙지 않게 담는다.
7. 빠스옥수수가 식으면 완성 접시에 옮겨 담아 완성한다.

합격 point

1. 옥수수를 너무 곱게 다지면 속까지 잘 안 익는다.
2. 완자 튀김이 진하면 시럽 색을 연하게 완자를 색이 연하게 튀겨지면 시럽을 조금 진하게 하여 완성품 색을 황금색으로 조절한다.

조리과정 빠스옥수수

1 땅콩은 껍질을 벗긴 후 굵게 다진다.

3 다진 옥수수, 땅콩, 달걀노른자, 밀가루를 넣어 농도를 맞춰 반죽한다.

tip 옥수수 반죽을 오래 치대면 식감이 질겨지므로 가볍게 반죽하고 손에 굴려서 모양을 만들면 안 된다.

2 옥수수는 체에 밭쳐 수분을 제거하여 굵게 다진다.

조리과정 빠스옥수수

4 튀김기름을 올린 후 반죽을 손에 쥐어 수저로 떠서 2.5cm 정도의 동그란 모양의 완자를 만들어 160℃에서 튀긴다. (6개)

- tip 빠스가 완성되면 커지므로 조금 작게 만들어 튀긴다.
- tip 온도를 잘 맞추어 속까지 잘 익힌다.

5 팬에 기름 1T를 넣어 전체를 코팅한 다음 설탕 3T를 넣고 녹으면 저어가면서 갈색의 시럽을 만든다.

6 시럽에 튀긴 완자를 넣고 고루 버무린 후 찬물 1t를 넣어 저어 기름을 넉넉히 바른 접시에 빠스가 서로 붙지 않게 담는다.

7 빠스옥수수가 식으면 완성 접시에 옮겨 담아 완성한다.

후식 조리

빠스고구마
拔絲地瓜
뺄 발, 실 사, 땅 지, 오이 과

시험시간
20분

빠스고구마

요구사항 ※ 주어진 재료를 사용하여 다음과 같이 빠스고구마를 만드시오.

가. 고구마는 껍질을 벗기고 먼저 길게 4등분을 내고, 다시 4cm 길이의 다각형으로 돌려썰기 하시오.
나. 튀김이 바삭하게 되도록 하시오.

재료

- 고구마 1개 (300g)
- 식용유 1000mL
- 흰설탕 100g

만드는 법

1. 고구마는 껍질을 벗긴 후 길이로 4 등분하여 4cm 크기의 다각형으로 돌려가며 썰어 찬물에 담가 전분을 제거하고 수분을 제거한다.
2. 튀김 팬에 기름을 올린 160℃ 정도에서 고구마를 노릇한 색이 나게 튀겨서 기름을 제거한다.
   - *tip* 고구마를 튀길 때 낮은 온도에서 튀기면 삶은 고구마처럼 보이고 높은 온도에서 튀기면 속이 안 익으므로 온도에 주의한다.
3. 팬에 기름 1T를 넣어 전체를 코팅한 다음 설탕 5T를 넣고 녹으면 저어가면서 갈색의 시럽을 만든다.
   - *tip* 시럽을 만들 때 설탕이 녹기 전에 저으면 시럽이 혼탁하다.
   - *tip* 고구마가 색이 연하게 튀겨졌으면 시럽을 조금 진하게 하고 튀김이 진하면 시럽 색을 연하게 한다.
4. 시럽에 튀긴 고구마를 넣고 버무린 후 찬물 1t를 넣어 저어 기름을 넉넉히 바른 접시에 빠스를 서로 붙지 않게 담는다.
5. 식으면 접시에 빠스고구마를 옮겨 담아 완성한다.

합격 point

1. 고구마 튀김이 진하면 시럽 색을 연하게 고구마를 색이 연하게 튀겨지면 시럽을 조금 진하게 하여 완성품 색을 황금색으로 조절한다.

조리과정 빠스고구마

1 고구마는 껍질을 벗긴 후 길이로 4 등분하여 4cm 크기의 다각형으로 돌려가며 썰어 찬물에 담가 전분을 제거하고 수분을 제거한다.

2 튀김 팬에 기름을 올린 160℃ 정도에서 고구마를 노릇한 색이 나게 튀겨서 기름을 제거한다.

tip 고구마를 튀길 때 낮은 온도에서 튀기면 삶은 고구마처럼 보이고 높은 온도에서 튀기면 속이 안 익으므로 온도에 주의한다.

조리과정 빠스고구마

3 팬에 기름 1T를 넣어 전체를 코팅한 다음 설탕 5T를 넣고 녹으면 저어가면서 갈색의 시럽을 만든다.

> *tip* 시럽을 만들 때 설탕이 녹기 전에 저으면 시럽이 혼탁하다.

> *tip* 고구마가 색이 연하게 튀겨졌으면 시럽을 조금 진하게 하고 튀김이 진하면 시럽 색을 연하게 한다.

4 시럽에 튀긴 고구마를 넣고 버무린 후 찬물 1t를 넣어 저어 기름을 넉넉히 바른 접시에 빠스를 서로 붙지 않게 담는다.

5 식으면 접시에 빠스고구마를 옮겨 담아 완성한다.

핵심정리 핸드북 요점정리

중식조리기능사

오징어냉채 (20분)

1. 겨잣가루 1T+ 따뜻한 물 1T – 따뜻한 냄비 뚜껑에 위에 엎어 숙성
2. 오이 : 반 갈라서 3cm 길이로 편 썰기
3. 오징어 : 손질 후 몸통 안쪽에 종횡으로 칼집 – 4×3cm 썰어 끓는 소금물에 데친 후 식히기
4. 숙성한 겨자, 설탕 1.5T, 식초 1.5T 소금, 참기름을 넣어 겨자 소스 만들어 오이와 오징어 버무린 후 완성 접시에 담기

해파리냉채 (20분)

1. 해파리 : 식초 물에 헹구어 짠맛제거 – 80~90℃ 물에 살짝 데치기 – 찬물에 헹구기 – 수분을 제거하기
2. 오이 : 0.2×6cm 길이로 어슷하게 채썰기
3. 마늘: 다지기
4. 다진 마늘 1T, 설탕 1T, 식초 1T, 소금 약간, 참기름 약간 넣어 냉채 소스 만들기
5. 오이와 해파리를 섞어서 접시에 담은 후 소스를 끼얹어 완성한다.

탕수육 (30분)

1. 앙금 녹말 만들기
2. 완두콩 : 데치기
3. 대파, 당근, 오이, 양파는 4×1.5cm 정도 크기로 편 썰기
4. 목이버섯은 불려서 한입 크기로 뜯어 놓기
5. 물녹말을 만들어 놓기 (녹말 1T + 물 2T)
6. 돼지고기 : 4×1cm – 간장 1t, 청주 2t – 달걀흰자 + 앙금 녹말 2번 튀기기
7. 팬: 기름 – 대파 – 간장 1T, 청주 – 당근, 양파, 목이버섯 – 물 1C, 설탕 3T, 식초 3T – 물녹말 – 완두콩, 오이, 튀긴 돼지고기 넣고 버무리기– 완성 접시에 담기

깐풍기 (30분)

1. 앙금 녹말 만들기
2. 대파, 마늘, 생강은 다지고, 청피망, 홍고추는 사방 0.5cm로 썰기
3. 닭 : 뼈와 살 분리 – 힘줄 제거 – 사방 2.5cm – 소금, 검은 후춧가루, 청주 – 달걀흰자+앙금 녹말– 2번 튀기기
4. 팬에 기름 – 대파, 마늘, 생강 – 간장 1T, 청주 1T – 홍고추, 청피망 1/2 – 물 3T, 설탕 1T, 식초 1T – 튀긴 닭고기, 청피망 1/2 – 참기름 – 완성 접시에 담기

탕수생선살 (30분)

1. 앙금 녹말 만들기
2. 완두콩 : 데치기
3. 당근, 오이 : 4×1.5cm 정도 크기로 편 썰고, 파인애플과 목이버섯은 한잎 크기로 준비하기
4. 물녹말 만들기(녹말 1T + 물 2T)
5. 생선 살 : 4×1cm – 달걀흰자+앙금 녹말 – 2번 튀기기
6. 팬 : 물 1C, 당근, 파인애플, 목이버섯 – 간장 1T, 설탕 3T, 식초 3T – 물녹말 – 완두콩, 오이, 튀긴 생선살 넣고 버무리기 – 완성 접시에 담기

난자완스 (25분)

1. 대파, 마늘, 생강은 편 썰고, 채소는 4×1.5cm로 편 썰기
2. 향채를 제외한 채소를 끓는 물에 데쳐 찬물에 헹궈 수분 제거하기
3. 녹말 1T+물 2T – 물녹말 만들기
4. 돼지고기 : 핏물 제거 – 소금, 간장, 검은 후춧가루, 청주 – 녹말가루와 달걀흰자 넣고 반죽하기
5. 팬: 기름 – 온손에 반죽을 잡고 올려 짜며 3cm 완자를 만들어 팬에 놓고 수저로 눌러 납작하게 4cm로 만들어 지진 후 튀기기
6. 팬 : 기름 – 대파, 마늘, 생강 – 간장 1T, 청주 1T – 표고, 죽순, 볶다가 청경채 – 물 1C 넣고 끓으면 완자 넣기 – 소금, 검은 후춧가루 – 물녹말 – 참기름 – 완성 접시에 담기

홍쇼두부 (30분)

1. 두부 : 5×1cm 삼각형 모양 – 수분 제거하기
2. 대파, 마늘, 생강은 편 썰고, 채소는 4×1.5cm로 편 썰기
3. 향채를 제외한 채소를 끓는 물에 데쳐 찬물에 헹궈 수분 제거하기
4. 녹말 1T+물 2T – 물녹말 만들기
5. 돼지고기 : 핏물 제거 – 편 썰기 – 간장, 청주로 밑간 – 달걀흰자 1/3T 녹말가루 1/2T 넣어 버무리기
6. 팬 : 기름 – 두부를 튀기기
7. 팬 – 기름 – 돼지고기 – 부드럽게 익혀 체에 밭치기 (오래 익히지 않고 부드럽게 익히기)
8. 팬: 기름 – 대파, 마늘, 생강 – 간장 1T, 청주 1t – 죽순, 표고버섯, 양송이, 청경채, 홍고추 – 물 1C– 돼지고기, 두부–물녹말, 참기름 – 완성 접시에 담기

마파두부 (25분)

1. 대파, 마늘, 생강 : 다지기
2. 홍고추 : 사방 0.5cm로 썰기
3. 두부 : 1.5cm 주사위 모양 썰기– 데치기
4. 녹말 1T+물 2T – 물녹말 만들기
5. 고추기름 : 식용유 4T, 고춧가루 2T – 약한 불에서 끓이기 – 체에 거르기
6. 팬 : 고추기름 – 대파, 마늘, 생강, 홍고추–돼지고기 – 간장 1t, 청주 1T – 두반장 1T, 설탕 1t, 검은 후춧가루, 물 1C – 두부 – 물녹말 – 참기름 – 완성 접시에 담기

새우케첩볶음 (25분)

1. 앙금 녹말 만들기
2. 완두콩은 데치기
3. 대파, 생강 : 0.5cm 편 썰기
4. 당근, 양파 : 1×1×0.2cm 편 썰기
5. 녹말 1T+물 2T – 물녹말 만들기
6. 새우 – 내장 제거 – 소금, 청주 – 달걀흰자 + 앙금 녹말 – 2번 튀기기
7. 팬 : 기름 – 대파, 생강 – 간장 1t, 청주 1T – 케첩 3T, 설탕 2t – 물 1/3C– 물녹말 – 완두콩, 튀긴 새우 넣고 버무리기 – 완성 접시에 담기

양장피잡채 (35분)

1. 겨잣가루 1T+ 따뜻한 물 1T – 따뜻한 냄비 뚜껑에 위에 엎어 숙성시키기
2. 오이, 당근 : 5×0.3×0.3cm로 채 썰어 돌려 담기
3. 오징어 : 껍질을 벗겨 안쪽에 칼집 – 데침 – 5cm 채 – 돌려 담기
4. 해삼, 새우 : 손질 후 데침 – 5cm 채 돌려 담기
5. 달걀: 황백지단 – 5×0.3×0.3cm 채 – 돌려 담기
6. 부추: 5cm 길이로 썰기
7. 목이버섯: 불린 후 먹기 좋은 크기로 뜯기
8. 양파와 돼지고기는 5cm 길이로 채 – 팬에 돼지고기, 간장 1t, 양파, 목이버섯, 부추 순서로 볶기 – 소금, 참기름
9. 양장피: 불리기 – 삶기 – 찬물 – 4cm 크기로 뜯어 소금, 참기름 밑간하기
10. 재료 돌려 담기 – 접시 중간에 양장피 올리고 가운데 볶은 부추잡채 올리기
11. 숙성 겨자 1T, 설탕 1.5T, 식초 1.5T, 소금, 참기름, 간장을 넣어 소스를 만들어 종지에 담아낸다.

고추잡채 (20분)

1. 채소, 버섯은 5cm로 채 썰고 죽순과, 표고는 데치기
2. 돼지고기 :핏물 제거 – 6×0.3×0.3cm 채 – 간장, 청주로 밑간 – 달걀흰자 1t 녹말가루 1T 넣어 버무리기
3. 팬 – 기름 – 돼지고기 – 부드럽게 익혀 체에 밭쳐 기름 제거
4. 후라이팬 : 기름 – 두른 후 양파 – 간장 1/2T, 청주 1t – 죽순, 표고, 청피망 –소금– 돼지고기, 참기름 – 완성 접시에 담기

채소볶음 (25분)

1. 대파, 마늘, 생강은 편 썰고, 채소는 4×1.5×0.3cm로 편 썰기
2. 향채를 제외한 채소를 끓는 물에 데쳐 찬물에 헹궈 수분 제거하기
3. 녹말 1T+물 2T – 물녹말 만들기
4. 팬 : 기름 – 대파, 마늘, 생강 – 간장 1/2t, 청주 1t – 죽순, 표고, 양송이, 당근 – 청경채, 셀러리, 청피망 – 물 3T, 소금, 흰 후춧가루 – 물녹말 – 참기름

라조기 (30분)

1. 앙금녹말 만들기
2. 대파, 마늘, 생강은 편 썰고, 청경채, 죽순, 표고버섯, 양송이는 5×2×0.3cm 편 썰어 끓는 물에 소금을 넣고 데치기
3. 피망, 건고추는 5×2cm로 편썰기
4. 녹말 1T+물 2T – 물녹말 만들기
5. 닭 : 뼈와 살분리 – 힘줄 제거 – 5×1×1cm – 진간장, 검은 후춧가루, 청주 – 달걀흰자+앙금녹말– 2번튀기기
6. 팬 : 고추기름 – 건고추, 대파, 마늘, 생강 – 간장 1T, 청주 1T – 표고버섯, 죽순, 양송이, 청경채, 피망 – 물 1C, 검은후춧가루 – 닭고기 넣고 물녹말 넣어 완성

부추잡채 (20분)

1. 부추 6cm 길이로 썰어 흰 줄기와 푸른 잎을 구분하기
2. 돼지고기: 핏물 제거 – 채 – 6×0.25×0.25cm 소금, 청주로 밑간 – 달걀흰자 1t 녹말가루 1/2T 넣어 버무리기
3. 팬 – 기름 – 돼지고기 – 부드럽게 익혀 기름 빼기
4. 팬 – 기름 – 부추 흰줄기, 소금과 청주 – 푸른 잎– 돼지고기 – 참기름 순으로 볶아 완성 접시에 담기

경장육사 (20분)

1. 대파 : 5cm 길이 어슷하게 채썰기 – 찬물에 매운맛을 제거하기
2. 마늘, 대파는 채 썰고, 죽순은 5cm 채 썰어 데치기
3. 녹 말1T+물 2T – 물녹말 만들기
4. 돼지고기: 핏물 제거 – 6×0.3cm 채 – 간장, 청주로 밑간 – 달걀흰자 1/2T 녹말가루 1.5T 넣어 버무리기
5. 팬 – 기름 – 돼지고기 – 부드럽게 익혀 기름 빼기
6. 팬 – 기름 – 춘장을 넣어 약불에서 볶기
7. 팬 – 기름 – 마늘, 대파, 생강 – 간장 1t, 청주 1T – 춘장 1T, 죽순 – 굴소스 1t, 설탕 1/2T, 물 3T – 돼지고기, 물녹말 – 참기름
8. 접시에 수분 제거한 대파를 깔아놓은 후 익힌 고기를 올려 담기

유니짜장면 (30분)

1. 생강은 다지고, 양파와 호박은 0.5cm 채썰기
2. 오이 : 어슷하게 채썰기
3. 녹말 1T+물 2T – 물녹말 만들기.
4. 팬 : 식용유 1/3C+춘장 – 약 불에서 볶기
5. 팬 : 기름 – 다진 생강 – 다진 돼지고기 – 간장 1t, 청주 1T – 양파, 호박 볶은 춘장 1T –물 1/2C – 설탕 1/2T – 물녹말 – 참기름
6. 끓는 물에 소금 약간 넣고 면 삶아 찬물에 헹구기– 끓는물 에 면 데치기 – 그릇에 담고 짜장소스 올린 후 오이채 올려 완성

울면 (30분)

1. 목이버섯 불리기
2. 마늘은 채 썰고, 대파, 당근, 배추, 부추, 양파는 6cm 채썰기
3. 오징어는 껍질을 제거한 후 6cm 채썰기
4. 새우는 내장 제거하고 목이버섯은 한입 크기로 찢어놓기
5. 녹말 1T+물 2T - 물녹말 만들기
6. 냄비 :물 2.5C - 대파, 마늘, 간장 1t, 청주 1T - 당근, 양파, 배추, 목이버섯 - 새우, 오징어 - 소금, 흰후춧가루 - 물 녹말 - 달걀 -부추, 참기름
7. 끓는 물에 소금 약간 넣고 면 삶아 찬물에 헹구기- 끓는 물에 면 데치기 - 그릇에 담고 울면 소스 올린 후 완성

새우볶음밥 (30분)

1. 새우 : 내장 제거 후 끓는 물에 데치기
2. 밥짓기 : 불린쌀과 물을 1:1 비율로 계량하여 밥짓기
3. 대파, 당근, 피망은 0.5cm 주사위 모양 썰기
4. 달걀 + 소금 - 체에 내리기 - 기름 두른 팬에 스크램블하기
5. 팬 : 기름 - 대파, 당근 - 새우, 밥 - 피망, 달걀 - 소금, 흰후춧가루 - 접시에 담아 완성

빠스옥수수 (25분)

1. 다진 옥수수, 땅콩, 달걀노른자, 밀가루를 넣어 반죽 만들기
2. 팬: 기름 - 왼손에 반죽을 잡고 올려 짜며 2.5cm 완자를 만들어 튀기기(6개)
3. 팬 : 기름 1T+설탕 3T - 녹으면 저어가면서 갈색 시럽 만들기
4. 시럽에 튀긴 옥수수 완자를 넣어 버무린 후 찬물 1t 넣어 저어놓은 후 기름을 넉넉히 바른 접시에 빠스를 서로 붙지 않게 담기
5. 식으면 완성 접시에 옮겨 담아 완성

빠스고구마 (25분)

1. 고구마 : 껍질제거 - 길이로 4등분 - 4cm 크기의 다각형 - 찬물에 담가 전분 제거 - 수분 제거
2. 팬 : 160℃ 정도에서 고구마를 노릇한 색이 나게 튀기기
3. 팬 : 기름 1T+설탕 5T - 녹으면 저어가면서 갈색 시럽 만들기
4. 시럽에 튀긴 고구마를 넣어 버무리면서 찬물 1t 넣어 저어놓은 후 기름을 넉넉히 바른 접시에 빠스를 서로 붙지 않게 담기
5. 식으면 완성 접시에 옮겨 담아 완성

합격비법 모의시험

중식조리기능사

1 유니짜장. 빠스옥수수(시험시간 55분)

유니짜장(30분)	빠스옥수수(25분)
요구사항 가. 춘장은 기름에 볶아서 사용하시오. 나. 양파, 호박은 0.5cm × 0.5cm 크기의 네모꼴로 써시오. 다. 중식면은 끓는 물에 삶아 찬물에 헹군 후 데쳐 사용하시오. 라. 삶은 면에 짜장소스를 부어 오이채를 올려내시오.	**요구사항** 가. 완자의 크기를 지름 3cm 공 모양으로 하시오. 나. 땅콩은 다져 옥수수와 함께 버무려 사용하시오. 다. 설탕시럽은 타지 않게 만드시오. 라. 빠스옥수수는 6개 만드시오.

1	면 삶은 물 올려놓고 재료 씻어 분리하기	
2		옥수수 체에 밭쳐 수분 빼기
3	생강은 다지고, 양파와 호박은 0.5cm 채썰기	
4	오이 어슷하게 편 썰어 곱게 채썰기	
5		옥수수, 땅콩, 다져서 달걀노른자, 밀가루를 넣어 반죽 만들기
6	면 삶을 물 내려놓고 튀길 기름 올려놓기	

	유니짜장(30분)	빠스옥수수(25분)
7		왼손에 반죽을 잡고 올려 짜며 2.5cm 완자를 만들어 튀기기(6개)
8		팬 : 기름 1T+설탕 3T - 녹으면 저어가면서 갈색 시럽 만들기
9		시럽에 튀긴 옥수수 완자를 넣어 버무린 후 기름을 넉넉히 바른 접시에 빠스를 서로 붙지 않게 담기
10	녹말 1T+물 2T - 물녹말 만들기.	
11	식용유 1/3C+춘장 - 약 불에서 볶기	
12	팬 : 기름 - 다진 생강 - 다진 돼지고기 - 간장 1t, 청주 1T - 양파, 호박 - 볶은 춘장 1T - 물 1/2C - 설탕 1/2T - 물녹말 - 참기름	
13	끓는 물에 소금 약간 넣고 면 삶아 찬물에 헹구기	
14	끓는 물에 삶은 면 데치기 - 그릇에 담고 짜장소스 올린 후 오이채 올려 완성	
15		빠스 식으면 완성 접시에 옮겨 담아 완성

조리 순서 point

1. 처음에 면 삶은 물을 올려놓고 시작하다가 내려놓으면 물 끓는 시간을 단축할 수 있다.
2. 시간이 부족하면 면 삶은 물에 삶은 면을 다시 데친다.
3. 중식은 재료부터 손질해놓고 소스 국물이 없거나 적은 것부터 완성한다.

2 탕수육, 부추잡채(시험시간 50분)

탕수육(30분)	부추잡채(20분)
요구사항 가. 돼지고기는 길이 4cm, 두께 1cm의 긴 사각형 크기로 써시오. 나. 채소는 편으로 써시오. 다. 앙금 녹말을 만들어 사용하시오. 라. 소스는 달콤하고 새콤한 맛이 나도록 만들어 돼지고기에 버무려 내시오.	**요구사항** 가. 부추는 6cm 길이로 써시오. 나. 고기는 0.3 × 6cm 길이로 써시오. 다. 고기는 간을 하여 기름에 익혀 사용하시오.
1	앙금 녹말 만들고 재료 씻어서 분리하기	
2	완두콩 데치기	
3	대파, 당근, 오이, 양파는 4×1.5cm 정도 크기로 편 썰기	
4	목이버섯은 불려서 한입 크기로 뜯어 놓기	
5		부추: 6cm 길이로 썰어 흰 줄기와 푸른 잎을 구분하기
6	돼지고기: 핏물 제거하여 200g은 4×1×1cm로 썰어 간장, 청주로 밑간하고 50g은 6×0.25×0.25cm 썰어 소금, 청주로 밑간하기	

	탕수육(30분)	부추잡채(20분)
7		돼지고기에 달걀 흰자와 녹말가루로 코팅하여 기름에 부드럽게 익혀 체에 밭쳐 기름 제거
8		팬에 기름 넣고 부추 흰 줄기 볶기-소금과 청주 – 푸른 잎-돼지고기 – 참기름 순으로 볶아 완성 접시에 담기
9	돼지고기에 달걀흰자 + 앙금 녹말 2번 튀기기	
10	팬에 기름 넣고 대파 볶다가 – 간장 1T, 청주 – 당근, 양파, 목이버섯 볶기 – 물 1C, 식초 3T, 설탕 3T – 물녹말 – 완두콩, 오이, 튀긴 돼지고기고 완성하여 접시에 담기	

조리 순서 point

1. 앙금녹말을 제일 먼저 만들어야 녹말이 잘 가라앉아서 위물 따라 내기가 편하다.
2. 탕수육은 미리 준비해 놓고 부추잡채부터 완성하고 탕수육을 완성해야 불지 않도록 한다.

3 깐풍기, 오징어냉채 (시험시간 50분)

	깐풍기(30분)	오징어냉채(20분)
	요구사항 가. 닭은 뼈를 발라낸 후 사방 3cm 사각형으로 써시오. 나. 닭을 튀기기 전에 튀김옷을 입히시오. 다. 채소는 0.5cm × 0.5cm로 써시오.	**요구사항** 가. 오징어 몸살은 종횡으로 칼집을 내어 3~4cm로 썰어 데쳐서 사용하시오. 나. 나. 오이는 얇게 3cm 편으로 썰어 사용하시오. 다. 다. 겨자를 숙성시킨 후 소스를 만드시오.
1	앙금 녹말 만들고 재료 씻어서 분리하기	
2		겨잣가루 1T+ 따뜻한 물 1T – 따뜻한 냄비 뚜껑에 위에 엎어 숙성
3		오이: 반 갈라서 3cm 길이로 편 썰기
4	대파, 마늘, 생강은 다지고, 청피망, 홍고추는 사방 0.5cm로 썰기	
5	닭 : 뼈와 살 분리 – 힘줄 제거 – 사방 2.5cm – 소금, 검은 후춧가루, 청주 밑간하기	
6		오징어: 손질 후 몸통 안쪽에 종횡으로 칼집 – 4×3cm 썰어 끓는 소금물에 데친 후 식히기
7		숙성한 겨자, 설탕 1.5T, 식초 1.5T 소금, 참기름을 넣어 겨자소스 만들어 오이와 오징어 버무린 후 완성 접시에 담기
8	달걀흰자+앙금 녹말– 2번 튀기기	
9	팬에 기름 – 대파, 마늘, 생강 – 간장 1T, 청주 1T – 홍고추, 청피망 1/2 – 물 3T, 설탕 1T, 식초 1T – 튀긴 닭고기, 청피망 1/2 – 참기름 – 완성 접시에 담기	

조리 순서 point

1. 오징어 냉채 부터 완성하고 깐풍기를 만든다.
2. 물녹말이 들어가는 메뉴는 미리 만들면 되직해져서 마지막에 완성한다.

4 경장육사, 마파두부(시험시간 55분)

경장육사(30분)	마파두부(25분)
요구사항 가. 돼지고기는 길이 5cm의 얇은 채로 썰고, 간을 하여 기름에 익혀 사용하시오. 나. 춘장은 기름에 볶아서 사용하시오. 다. 대파 채는 길이 5cm로 어슷하게 채 썰어 매운맛을 빼고 접시에 담으시오.	**요구사항** 가. 두부는 1.5cm의 주사위 모양으로 써시오. 나. 두부가 으깨어지지 않게 하시오. 다. 고추기름을 만들어 사용하시오. 라. 홍고추는 씨를 제거하고 0.5cm × 0.5cm로 써시오.

	경장육사	마파두부
1	재료 씻어서 분리하고 두부 데칠 물 올려놓기	
2	대파 3/4은 어슷한 각도로 곱게 채 썰어 물에 담그고 나머지는 다진다.	
3	마늘, 대파, 생강은 채 썰기	
4		대파, 마늘, 생강 : 다지기
5	녹말2T+물 4T - 물녹말 만들기	
6		두부: 1.5cm 주사위 모양 썰기 - 데치기
7	죽순: 5cm 채 썰어 데치기	
8		고추기름 : 식용유 4T, 고춧가루 2T - 약한 불에서 끓이기 - 거르기

	경장육사(30분)	마파두부(25분)
9	돼지고기: 핏물 제거 – 6×0.3cm 채 – 간장, 청주로 밑간 – 달걀흰자 1/2T, 녹말가루 1.5T 넣어 버무리기	
10	팬 – 기름 – 돼지고기 – 부드럽게 익혀 기름 빼기	
11	팬 – 기름 – 춘장을 넣어 약불에서 볶기	
12	팬 – 기름 – 마늘, 대파, 생강 – 간장 1t, 청주 1T – 죽순 – 춘장 1T, 굴소스 1t, 설탕 1/2T, 물 3T – 돼지고기, 물녹말 – 참기름	
13	접시에 수분 제거한 대파를 깔아놓은 후 볶은 고기를 올려 담기	
14		고추기름 – 대파, 마늘, 생강, 홍고추 – 돼지고기 – 간장 1t, 청주 1T – 두반장 1T, 설탕 1t, 검은 후춧가루, 물 1C – 두부 – 물녹말 – 참기름 – 완성 접시에 담기

조리 순서 point

1. 죽순과 두부 데치는 물을 같이 사용한다.
2. 마파두부를 먼저 하면 소스 농도가 되직하게 된다.
3. 물녹말로 소스를 만드는 메뉴는 소스 국물이 적은 것부터 만든다.

5 홍쇼두부, 새우케첩볶음(시험시간 55분)

	홍쇼두부(30분)	새우케첩볶음(25분)
	요구사항 가. 두부는 가로와 세로 5cm, 두께 1cm의 삼각형 크기로 써시오. 나. 채소는 편으로 써시오. 다. 두부는 으깨어지거나 붙지 않게 하고 갈색이 나도록 하시오	**요구사항** 가. 새우 내장을 제거하시오. 나. 당근과 양파는 1cm 크기의 사각으로 써시오.
1	앙금 녹말 만들기	
2	재료를 썰어 분리하고 데칠 물 올려놓기	
3	두부 : 5×1cm 삼각형 모양 – 수분 제거하기	
4	표고버섯, 양송이, 청경채, 죽순 4×1.5cm로 편 썰어 데치기	
5		완두콩은 데치기
6	대파, 마늘, 생강은 편 썰기	
7		대파, 생강 : 0.5cm 편 썰기
8		당근, 양파 : 1×1×0.2cm 편 썰기
9	홍고추 편 썰기	

	홍쇼두부(30분)	새우케첩볶음(25분)
10	녹말 1T+물 2T - 물녹말 만들기	
11	돼지고기: 핏물 제거 - 편 썰기 - 간장, 청주로 밑간 - 달걀흰자 1/3T 녹말가루 1/2T 넣어 버무리기	
12	팬 : 기름 - 두부를 튀기기	
13	팬 - 기름 - 돼지고기 - 부드럽게 익혀 체에 밭치기	
14		새우 - 내장 제거 - 소금, 청주 - 달걀흰자 + 양금 녹말 - 2번 튀기기
15		팬 : 기름 - 대파, 생강 - 간장 1t, 청주 1T - 케첩 3T, 설탕 1T - 물 1/3C - 물녹말 - 완두콩, 튀긴 새우 - 완성 접시에 담기
16	팬: 기름 - 대파, 마늘, 생강 - 간장 1T, 청주 1t - 죽순, 표고버섯 양송이, 청경채, 홍고추 - 물 1C - 돼지고기, 두부-물녹말, 참기름 - 완성 접시에 담기	

조리 순서 point

홍쇼두부에 채소를 데치지 않으면 소스 밑이 물이 생긴다.

2024년 중식조리기능사 서울 상시 시험장 기출문제

중식 10/12

♣ 1 교시 (1부 오전 08시 30분) - 고추잡채, 유니짜장
♣ 2 교시 (2부 오전 10시 00분) - 탕수육, 마파두부
♣ 3 교시 (4부 오후 12시 30분) - 탕수생선살, 빠스옥수수
♣ 4 교시 (6부 오후 02시 00분) - 경장육사, 난자완스

중식 10/1

♣ 1 교시 (1부 오전 08시 30분) - 경장육사, 오징어냉채
♣ 2 교시 (2부 오전 10시 00분) - 라조기, 빠스옥수수

중식 9/8

♣ 1 교시 (1부 오전 08시 30분) - 깐풍기, 해파리냉채
♣ 2 교시 (2부 오전 10시 00분) - 탕수생선살, 채소볶음
♣ 3 교시 (4부 오후 12시 30분) - 홍쇼두부, 오징어냉채
♣ 4 교시 (6부 오후 02시 00분) - 마파두부, 고추잡채

중식 7/27

♣ 1 교시 (1부 오전 08시 30분) - 해파리냉채, 탕수육
♣ 2 교시 (2부 오전 10시 00분) - 새우케첩볶음, 홍쇼두부
♣ 3 교시 (4부 오후 12시 30분) - 유니짜장, 부추잡채
♣ 4 교시 (6부 오후 02시 00분) - 빠스고구마, 경장육사

중식 7/14

♣ 1 교시 (1부 오전 08시 30분) - 깐풍기, 고추잡채
♣ 2 교시 (2부 오전 10시 00분) - 새우볶음밥, 마파두부
♣ 3 교시 (4부 오후 12시 30분) - 라조기, 빠스고구마
♣ 4 교시 (6부 오후 02시 00분) - 양장피잡채, 채소볶음

중식 7/2

♣ 1 교시 (1부 오전 08시 30분) - 유니짜장, 난자완스
♣ 2 교시 (2부 오전 10시 00분) - 새우볶음밥, 마파두부
♣ 3 교시 (4부 오후 12시 30분) - 깐풍기, 부추잡채
♣ 4 교시 (6부 오후 02시 00분) - 울면, 새우케첩볶음

중식 6/18

♣ 1 교시 (1부 오전 08시 30분) - 홍쇼두부, 빠스고구마
♣ 2 교시 (2부 오전 10시 00분) - 울면, 고추잡채
♣ 3 교시 (4부 오후 12시 30분) - 탕수생선살, 빠스옥수수
♣ 4 교시 (6부 오후 02시 00분) - 양장피잡채, 채소볶음

2024년 중식조리기능사 서울 상시 시험장 기출문제

중식 5/28

♣ 1 교시 (1부 오전 08시 30분) - 라조기, 탕수고구마
♣ 2 교시 (2부 오전 10시 00분) - 유니짜장, 고추잡채
♣ 3 교시 (4부 오후 12시 30분) - 탕수생선살, 채소볶음
♣ 4 교시 (6부 오후 02시 00분) - 새우케첩볶음, 해파리냉채

중식 5/4

♣ 1 교시 (1부 오전 08시 30분) - 새우볶음밥, 부추잡채
♣ 2 교시 (2부 오전 10시 00분) - 탕수육, 빠스옥수수
♣ 3 교시 (4부 오후 12시 30분) - 깐풍기, 오징어냉채
♣ 4 교시 (6부 오후 02시 00분) - 마파두부, 경장육사

중식 4/26

♣ 3 교시 (4부 오후 12시 30분) - 경장육사, 해파리냉채
♣ 4 교시 (6부 오후 02시 00분) - 탕수육, 고추잡채

중식 3/29

♣ 3 교시 (4부 오후 12시 30분) - 경장육사, 오징어냉채
♣ 4 교시 (6부 오후 02시 00분) - 양장피잡채, 채소볶음

중식 3/7

♣ 3 교시 (4부 오후 12시 30분) - 난자완스, 홍쇼두부
♣ 4 교시 (6부 오후 02시 00분) - 유니짜장, 고추잡채

중식 2/27

♣ 1 교시 (1부 오전 08시 30분) - 탕수생선살, 고추잡채
♣ 2 교시 (2부 오전 10시 00분) - 새우볶음밥, 마파두부
♣ 3 교시 (4부 오후 12시 30분) - 울면, 난자완스
♣ 4 교시 (6부 오후 02시 00분) - 깐풍기, 오징어냉채

중식 2/8

♣ 1 교시 (1부 오전 08시 30분) - 탕수육, 빠스옥수수
♣ 2 교시 (2부 오전 10시 00분) - 울면, 새우케첩볶음

중식 1/18

♣ 1 교시 (1부 오전 08시 30분) - 깐풍기, 고추잡채
♣ 2 교시 (2부 오전 10시 00분) - 탕수생선살, 빠스고구마
♣ 3 교시 (4부 오후 12시 30분) - 라조기, 마파두부
♣ 4 교시 (6부 오후 02시 00분) - 새우볶음밥, 채소볶음

2023년 중식조리기능사 서울 상시 시험장 기출문제

중식 12/23

♣ 1교시 (1부 오전 08시 30분) -깐풍기, 고추잡채
♣ 2교시 (2부 오전 10시 00분) -빠스옥수수, 해파리냉채
♣ 3교시 (3부 오후 12시 30분) -울면, 난자완스
♣ 4교시 (4부 오후 02시 00분) -빠스고구마, 새우볶음밥

중식 12/17

♣ 1교시 (1부 오전 08시 30분) - 탕수육, 부추잡채
♣ 2교시 (2부 오전 10시 00분) -유니짜장, 난자완스
♣ 3교시 (4부 오후 12시 30분) -경장육사, 마파두부
♣ 4교시 (6부 오후 02시 00분) -탕수생선살, 빠스옥수수

중식 11/25

♣ 3교시 (4부 오후 12시 30분) -마파두부, 경장육사
♣ 4교시 (6부 오후 02시 00분) -새우볶음밥, 채소볶음

중식 11/12

♣ 1교시 (1부 오전 08시 30분) -라조기, 빠스옥수수
♣ 2교시 (2부 오전 10시 00분) -유니짜장, 새우케첩볶음

중식 10/18

♣ 1교시 (1부 오전 08시 30분) - 경장육사, 오징어냉채
♣ 2교시 (2부 오전 10시 00분) - 탕수생선살, 빠스고구마

중식 9/12

♣ 1교시 (1부 오전 08시 30분) -난자완스, 새우케첩볶음
♣ 2교시 (2부 오전 10시 00분) -오징어냉채, 경장육사
♣ 3교시 (4부 오후 12시 30분) -탕수육, 빠스고구마
♣ 4교시 (6부 오후 02시 00분) -양장피잡채, 마파두부

중식 8/13

♣ 1교시 (1부 오전 08시 30분) -홍쇼두부, 난자완스
♣ 2교시 (2부 오전 10시 00분) -해파리냉채, 빠스고구마
♣ 3교시 (4부 오후 12시 30분) -라조기, 고추잡채
♣ 4교시 (6부 오후 02시 00분) -탕수육, 부추잡채

2023년 중식조리기능사 서울 상시 시험장 기출문제

중식 7/24

♣ 1 교시 (1부 오전 08시 30분) - 경장육사, 마파두부
♣ 2 교시 (2부 오전 10시 00분) - 유니짜장, 채소볶음
♣ 3 교시 (4부 오후 12시 30분) - 새우케첩볶음, 고추잡채
♣ 4 교시 (6부 오후 02시 00분) - 탕수육, 빠스옥수수

중식 7/18

♣ 1 교시 (1부 오전 08시 30분) - 난자완스, 고추잡채
♣ 2 교시 (2부 오전 10시 00분) - 울면, 새우케찹볶음
♣ 3 교시 (4부 오후 12시 30분) - 라조기, 빠스고구마
♣ 4 교시 (6부 오후 02시 00분) - 경장육사, 마파두부

중식 7/1

♣ 1 교시 (1부 오전 08시 30분) - 홍쇼두부, 부추잡채
♣ 2 교시 (2부 오전 10시 00분) - 탕수생선살, 빠스옥수수
♣ 3 교시 (4부 오후 12시 30분) - 해파리냉채, 깐풍기
♣ 4 교시 (6부 오후 02시 00분) - 오징어냉채, 새우볶음밥

중식 6/8

1교시 (1부 오전 08시 30분) 깐풍기(30분) / 고추잡채(25분)
2교시 (2부 오전 10시 00분) 탕수생선살(30분) / 해파리냉채(20분)
오후는 일식기능사 시험

중식 6/7

1교시 (1부 오전 08시 30분) 난자완스(25분) / 유니짜장(30분)
2교시 (2부 오전 10시 00분) 새우볶음밥(30분) / 마파두부(25분)
3교시 (3부 오후 12시 30분) 경장육사(30분) / 빠스고구마(25분)
4교시 (6부 오후 02시 00분) 양장피잡채(35분) / 채소볶음(25분)

중식 5/30

1교시 (1부 오전 08시 30분) 홍쇼두부(30분) / 빠스고구마(25분)
2교시 (2부 오전 10시 00분) 울면(30분) / 고추잡채(25분)
3교시 (3부 오후 12시 30분) 새우케찹볶음(25분) / 탕수생선살(30분)
4교시 (6부 오후 02시 00분) 라조기(30분) / 채소볶음(25분)

2023년 중식조리기능사 서울 상시 시험장 기출문제

중식 5/14

1교시 (1부 오전 08시 30분) 탕수생선살(30분) / 고추잡채(25분)
2교시 (2부 오전 10시 00분) 양장피잡채(35분) / 채소볶음(25분)
3교시 (3부 오후 12시 30분) 해파리냉채(20분) / 새우케찹볶음(25분)
4교시 (6부 오후 02시 00분) 유니짜장(30분) / 마파두부(25분)

중식 4/19

1교시 (1부 오전 08시 30분) 라조기(30분) / 빠스옥수수(25분)
2교시 (2부 오전 10시 00분) 양장피잡채(35분) / 채소볶음(25분)
3교시 (3부 오후 12시 30분) 탕수육(30분) / 부추잡채(20분)
4교시 (6부 오후 02시 00분) 경장육사(30분) / 마파두부(25분)

중식 4/11

1교시 (1부 오전 08시 30분) 탕수육(30분) / 해파리냉채(20분)
2교시 (2부 오전 10시 00분) 홍쇼두부(30분) / 새우케찹볶음(25분)
3교시 (3부 오후 12시 30분) 새우볶음밥(30분) / 고추잡채(25분)
4교시 (6부 오후 02시 00분) 깐풍기(30분) / 오징어냉채(20분)

중식 3/23

1교시 (1부 오전 08시 30분) 탕수육(30분) / 부추잡채(20분)
2교시 (2부 오전 10시 00분) 울면(30분) / 빠스고구마(25분)
3교시 (3부 오후 12시 30분) 깐풍기(30분) / 오징어냉채(20분)
4교시 (6부 오후 02시 00분) 채소볶음(25분) / 깐풍기(30분)

중식 3/12

1교시 (1부 오전 08시 30분) 새우케찹볶음(25분) / 빠스옥수수(25분)
2교시 (2부 오전 10시 00분) 유니짜장(30분) / 마파두부(25분)
3교시 (3부 오후 12시 30분) 라조기(30분) / 고추잡채(25분)
4교시 (6부 오후 02시 00분) 경장육사(30분) / 부추잡채(20분)

2023년 중식조리기능사 서울 상시 시험장 기출문제

중식 2/16

1교시 (1부 오전 08시 30분) 탕수육(30분) / 부추잡채(20분)
2교시 (2부 오전 10시 00분) 홍쇼두부(30분) / 빠스옥수수(25분)
3교시 (3부 오후 12시 30분) 울면(30분) / 난자완스(25분)
4교시 (6부 오후 02시 00분) 경장육사(30분) / 마파두부(25분)

중식 2/9

1교시 (1부 오전 08시 30분) 난자완스(25분) / 마파두부(25분)
2교시 (2부 오전 10시 00분) 탕수생선살(30분) / 빠스고구마(25분)
3교시 (3부 오후 12시 30분) 새우케찹볶음(25분) / 오징어냉채(20분)
4교시 (6부 오후 02시 00분) 새우볶음밥(30분) / 부추잡채(20분)

중식 1/20

1교시 (1부 오전 08시 30분) 깐풍기((30분) / 오징어냉채(20분)
2교시 (2부 오전 10시 00분) 탕수생선살(30분) / 채소볶음(25분)
3교시 (3부 오후 12시 30분) 유니짜장(30분) / 빠스옥수수(25분)
4교시 (6부 오후 02시 00분) 채소볶음(25분) / 새우볶음밥(30분)

저자 프로필 ①

· 임인숙 ·

조리과학 석사

자격증
조리기능장 외 다수

경력
현 : 중부여성 발전센터 조리과 강사
현 : 조리기능장, 조리산업기사 시험감독위원
현 : 한식, 양식, 중식, 일식, 복어 조리기능사 시험감독위원
현 : 떡제조기능사 시험 감독위원
현 : 조리기능장 한식 메뉴 139가지 인터넷 강의(경록쿡)
현 : 조리기능장 중식 메뉴 60가지 인터넷 강의(경록쿡)
현 : 조리기능장 복어 메뉴 8가지 인터넷 강의(경록쿡)
현 : 한식조리산업기사 메뉴 120가지 인터넷 강의(경록쿡)
전 : 백석문화대학 외래교수
전 : 성신여자대학 외래교수
SBS, KBS, EBS 방송 다수 출연

수상이력
2017년 국회의장상
2018년 농림축산식품부장관상 외 다수

저서
조리기능장 한식 실기(경록)
한국전통음식의맛(경록)
한식, 양식, 중식, (일식, 복어) 기능사 실기, 필기 각각 1권(경록)
한식조리산업기사 실기(경록)
떡제조기능사 필기, 실기(경록)
(양식, 중식, 일식 복어) 조리 산업기사(경록)
천연조미료와 스마트 저염식으로 만드는 어린이 식단(크라운출판사)
한식, 양식, (중식, 일식, 복어) 기능사 실기, 필기, 문제집 각각 1권(한국고시회 출판사)

· 이경주 ·

경기대학교 일반대학원 외식조리관리학 석사

자격증
조리기능장
조리산업기사(한식)
조리기능사(한식, 양식, 중식, 일식, 복어)
커피바리스타1급
커피핸드드립전문가1급
커피감정평가사1급
로스팅마스터1급
와인소믈리에1급
아동요리지도사1급
티소믈리에1급

경력
현 : 목동 중앙요리학원 원장
현 : 한국조리협회 상임이사
전 : 국제조리사관집업전문학교 교무부장
전 : 토마토요리학원 부원장
전 : 부천조리제과제빵직업전문학교 전임교사
전 : 한국요리학원 전임강사
코리아 월드푸드챔피언십 심사위원
국제요리&제과경연대회 심사위원

수상이력
2019 한국조리사협회중앙회 우수지도자상
2019, 2020 대구시장상
2019, 2021 국회의원상
국제요리&제과경연대회 라이브 금상
월드푸드챔피언십 금상 외 다수

저서
양식조리기능사 실기(경록)
중식조리기능사 실기(경록)
일식복어조리기능사 실기(경록)
양식, 중식, 일식, 복어 조리산업기사 실기(경록)
한식조리기능사 필기(크라운출판사)

저자 프로필 ②

• 정문석 •

경기대학교 관광전문대학원 박사 과정 중

자격증
조리기능장 외 다수

경 력
현 : 사조회참치 대표
현 : 한국호텔관광전문학교 일식 조리 강의

수상이력
2016년 대통령상 외 다수

저 서
한국인의 맛(지구문화사)
한국전통음식(백산출판사)
양식조리산업기사&양식조리기능사(백산출판사) 외 다수
참치 해동 특허 3개 보유

사진 촬영   강혜정

시험장에서
눈을 의심할 만큼,
진가를 합격으로 확인하세요

정가 20,000원

경록 새중식조리기능사

발 행	2025년 1월 10일
인 쇄	2024년 11월 29일
EBS	2019년 ~ 2020년 교재
저 자	임인숙·이경주·정문석
발 행 자	이 성 태 / 李 星 兌
발 행 처	경록 / 景鹿
주 소	서울시 강남구 영동대로 114길 7 (삼성동 91-24) 경록메인홀
문 의	02)3453-3993 / 02)3453-3546
홈페이지	www.kyungrok.com
팩 스	02)556-7008
등 록	제16-496호
I S B N	979-11-93559-89-5　13590

개정법령 및 정오사항 등은 경록 홈페이지에서 서비스됩니다.

대표전화 1544-3589

이 책의 무단전재·복제를 금함

이 책은 저작권법에 의해 저작권이 보호됩니다. 무단전재 및 복제행위는 이 법 제136조에 의해 5년 이하의 징역 또는 5,000만원 이하의 벌금에 처하거나 병과(倂科)할 수 있습니다.

대한민국필독서!!

저자협의인지생략